合格的精英

改革法国国家行政学院

Réformer l'ENA，réformer l'élite
Pour une véritable école
des meilleurs

[法]皮埃尔-亨利·达冉松（Pierre-Henri d'Argenson）著
张亦珂 朱志平 张欣玮 译

上海译文出版社

目录

引言

近年来，精英们遭到了激烈的抨击，这些抨击往往有理有据。人们把法国遭受的众多不幸都归咎于他们：一方面，人们指责他们某种程度上无力应对我们国家面临的重大问题；另一方面，人们指责他们故意疏远，甚至直接无视日常生活中同胞们的期待、憧憬、恐惧以及问题。所有这些都是法国社会极大不满情绪的直接体现，一旦忽略，将会非常危险，也十分不负责任。大家都希望对精英体系进行改革，但不得不承认的是，直至今天，对精英体系的各种改革方案仍然不起作用。

公众对法国的精英教育进行了反思，这种反思经常见诸媒体，在过去的 60 年里呈现出鲜明却不足为奇的特点，即几乎总是围绕法国行政学院及其校友展开。法国人民对公共及政治事务的痴迷，以及对行政机关高级职位的关注，是其中的一个重要原因。法国国家行政学院本身就是法式精英教育的体现。在汇集了众多赞誉及批评的同时，法国国家行政学院还成为了其他精英机构的屏障，这些机构包括巴黎综合理工学院、巴黎政治学院、巴黎高等商业学院、巴黎高等师范学院、大学及其他机构，它们各自朝前发展，追求实现自身的目标，并在公共舆论之外实实在在地进行改革。过去，如果出现争论，那么，争论主要围绕一个主题：生源选拔。这一问题总是饱受争议，往往被认为过于精英化，对弱势群体或弱势社会阶层不够开放。

对法国国家行政学院的集中思考和批评，表现为针对其改革产生了大量的官方报告，但除了掩盖在争议及宣传外衣下的一些只言片语，实际上没有任何一份官方报告可以自称得到了落实。需要说明的是，这些思考和批评强化了法国国家行政学院改革计划的政治色彩：任何变动都可以视为对现有权力的再次质疑，因此，没有一届政府想要真正致力于改革。

无论是在国内还是国外，法国国家行政学院如今仍居于法国精英的舞台中心。当盎格鲁-撒克逊人致力于描述我们的精英体系时，包括当他们努力描述私营部门管理文化时，依据的就是法国国家行政学院这个案例，以从中探索精英教育的特色。法国公共部门—私营部门这样的两分法，在这点上实际没有多大意义：法国私营部门的高管与法国国家行政学院、高级公职部门具有同样的行事方式，难道这些高管敢夸耀自己不像高级公职人员那么古板吗？因此，高管们反而更愿意“五十步笑百步”地嘲弄国家行政学院与高级公职部门的缺点。法国国家行政学院以夸张或者典型的方式反映了我们精英系统及精英文化的主要特征，而法国人的政见以及我们公共辩论的观点也都具备这些特征，我们可以由此表态：这就是为什么我们对精英的思考会优先（当然并非排他性地）针对法国国家行政学院，并以此表明，通过这样的思考，我们捍卫的思想和原则涉及的是所有的精英。

对于这样一个仿佛已经成为各种研究及各种争论对象的机

构，在以该机构为核心的成堆计划上，我们还希望再增加些什么内容呢？新思考以及新的改革计划的核心又是什么呢？

由于10多年来我们所见证的法兰西共和国精英的变化，而且这种变化越来越明显，国家行政学院如今走到了历史上最为关键的时刻。这种变化表现为国家行政学院毕业生们在权力中心地位的衰退，表现为由律师、地方政府重要民选官及企业家组成的新一代复合型人才（部分地）取代了他们。这种变化再自然不过了，它只是伴随着法国自20世纪80年代经历的重大经济变化（经济私有化）及政治变化（分权）而产生的。

然而，我们看到推动这种变化的是政治界对国家行政学院的遗弃以及漠不关心，这源于两个方面：一是想要让国家行政学院丧失社会地位的隐晦或明确的意愿，这一点通过机构情况恶化得以达成（其中搬迁至斯特拉斯堡只是其中的灾难之一）；二是出于对从未能够真正改革这所学校的厌倦而造成的放弃，改革并不是像2006年进行的学制改革那样小打小闹。当然，有些人对这样的状况感到欢欣鼓舞，觉得看到了饱受羞辱的高级公职体制改革逃脱不了失败的命运，并且很快将一败涂地。

一开始我们就做出如下回应：国家行政学院不会消失，而且法国冒的最大一个风险就是——法国自认为可以跻身于世界强国的前列，但却没有与此雄心壮志相匹配的高级公职群体。

国家行政学院不会消失，因为它一直存在，也就是说，法国的政权总是会产生一个精英的选拔、培训及培养体系。通过专设的机构，让法国的这些精英走向领导岗位。国家行政学院仅仅是公共精英选拔方式所赋予的现代形式，它是整个政治体系中不可或缺的永久组成部分，而且我们发现这存在于所有国家或类似的机构中。这也是为什么我们拒绝以下这个问题的原因：想要知道是否必须取消国家行政学院吗？这个问题没有任何意义。这个问题实际上仅是一种取巧，把辩论局限在东拉西扯且略带些政治色彩的曲学多辩中，恰恰满足了巴黎上流社会心照不宣、夸夸其谈的谈资需求。高级公职体制在过去的30年中显得困难重重，甚至愈发无力应对我们当今时代的重大挑战（公共债务、移民潮、全球化、经济私有化），这已经无可争辩，但凸显了以下问题：我们对精英们有何期待？我们想要赋予其何种使命？这才是思考和改革所应解决的问题。相反，要求撤销国家行政学院和要求消除贫困、财富或权利，都是一样徒劳无益的。我们既不否认也无须拒绝在撤销国家行政学院这个问题上双方的论据，但我们应摒弃的是构成这些论据的价值观：一种价值观来自反国家主义及传统上反精英主义的拥护者；另一种来自激烈的批评者，他们经历精英体系，又将精英体系变成一种意识形态或选举的交易。即便这些批评者反对精英体系，但是这通常不妨碍他们从高级公职岗位退休后享受种种待遇。

在此，我们捍卫国家级行政学院存在的延续性，而且我们捍卫其名称：既非“欧洲管理学院”（2005年以来它被滑稽地加上了这个别名），也非“公共服务学院”（如弗朗索瓦·贝鲁所希望的那样）。机构的力量既在于它的适应能力，也存在于它以相同的名称存续下去的能力，存在于获得光环及资历的能力，这赋予了它如今超越巴黎综合理工学院、巴黎政治学院及圣西尔军校的威望。国家行政学院并不是一所应时代而生的学校，它的存在将超越设立时的目的。1945年学院成立之时就是实施改革的良机，这种机会如同火箭发射窗口一般转瞬即逝；改革并非源于二战，它在战前就被勾勒好框架。如今，拿破仑·波拿巴创立的审计法院、省政府或最高行政法院依然存在，但没有人会以“时过境迁”为唯一借口，要求取消这些机构。

此外，法国想要加速自身衰亡的最可靠方法就是对高级公职培训漠不关心。高级行政部门的素质是国际舞台上能力的保证，而且世界上没有一个国家能够一边忽略高级行政部门，一边在国际舞台上崭露头角。直至今天，精英的失败成为了理解法国走向1940年溃败的最为确切的历史解释，而且也是走向1870年失败的原因。在法国，无论是在旧王朝还是共和国时代，没有一次危机不是从改革公共精英制度进行突破，因为人们认为一国强盛或衰败的主要根源在于其精英制度，国家的力量取决于高级行政部门的垂范力——这也的确属实。另外，号召聘任更多来自私营部门以及社会企业的人员，觉得这样做就能让一个国家治理得更加高效，只能是一种幻想，因为他们只能满足局部的有针对性的岗位需求。如果法国仍然拥有影响未来世界并保留其自由权利的雄心壮志，那它就应该采取措施，而这应该从改革其公共精英体系开始。我们需要阻止精英体系的失败，而且由于一些糟糕的操作，我们正在让这一体系消耗殆尽。这就是为什么国家行政学院应该恢复招收最佳学生，尤其是要培养他们的雄心壮志，这也是我们建议国家行政学院应当实施改革计划的意义所在。

国家的高级公仆是从国家行政学院还是从另外一个培养体系毕业，这已经不再重要了。在这里所涉及的主要问题并不是对国家行政学院作为一所学院的辩护，而是在于高级公务员的培养。我们认为一所国家级的行政学院完全能够完成这样的任务。我们不想再重新打造一股国家行政学院的势力，而是将人文、道德及职业上的卓越再次置于高级公务员培养的中心位置，以符合国家赋予的使命。

当然，摆脱针对国家行政学院的传统争论，这绝非易事，因为它们聚焦于这所学院的两个共同维度：一方面，这样的争论直指原有的权力体系，该体系将国家行政学院的毕业生委派到高级行政机构以及一部分经济部门的重要岗位任职（外部批评）；另一方面，这些争论对进入这一权力体系的途径进行了猛烈抨击，包括入学考试以及毕业后的排名（内部批评）。

剩下的批评则是“比较权威的”，也就是说，这些批评多次，甚至以咒语般的方式，指责所有以往毕业生的共同问题：学院里教导的因循守旧及一味模仿的精神、缺乏教学计划、评分的主观随意、学制过长等。这么多的内容需要处理，但这些并不是疾病本身，这些只是病症的外在表现。

此外，对这些批评的习惯性重复仿佛达到了至少与批评对象本身一样的固化的程度，以至于假如对国家行政学院进行了真正的改革，反而会成为那些批评者的一种剧烈创伤，因为他们坚持批评的那些理由将不复存在。

需要指出的是，这种递推逻辑，远没有为推动这种思考和改革做出贡献，相反由此导致的结果却是将国家行政学院改革，以及更广意义上对精英体制改革的思考局限在了一个熟悉的框定的领域，对于这一体系的支持者来说，最终也是尽可能让人放心的，非常保险的。如今，在对国家行政学院进行批评的过程中，仿佛在践行一种仪式，每个人都按照既定的角色发表自己的高见。

事实上，之所以说国家行政学院从来都不知道也不想要进行自我革新，是因为它已经非常迅速地与它所孕育的行政体系融为了一体，而不是与这个行政体系互相隔绝，或是至少保持了足够的距离。而且说到底是行政机构按照自己的意愿、自己的期待尤其是自己的弊病，缔造了国家行政学院。该院的变迁也反映了整个高级公职部门甚至是普通公职部门的变迁。乌鸦反哺，羔羊跪乳。我们总是提到，国家行政学院的成立最初应该伴随着对行政机构的重大改革，但最后这样的改革并没有施行。于是国家行政学院保留了行政机构的特征，以至于最后人们不得不承认，在没有改革行政机构之前是不可能改革国家行政学院的。

然而，最初的时候，如果戴高乐将军以及米歇尔·德布雷的想法得以实施，那国家行政学院就应该是行政机关的另一个圣西尔军校，是培养高级人才及实用人才的学校。但它很快脱离了设计者的初衷，成为了高级公务员选拔和排名的工具，他们从准备考试阶段开始就被吸纳进一个扼杀了所有智慧和个性特征、千军万马过独木桥才能进入的体系，其功能就是致力于维持已有的架构和思维方式。它从国家行政学院变成了行政机构的全国性学院。

对国家行政学院改革的所有惯常反思，很快让这个学院走了样，因为这内化了国家行政学院与整个公职体制之间的联系。这些反思甚至都没有想到要对这样的联系提出质疑。对国家行政学院的改革表现为在国家行政学院框架内或是通过国家行政学院对行政机构的改革。这些改革因而注定要失败（但可能这也是改革发起者的秘密心愿？），因为这些改革将国家行政学院与整个高级公职联系在了一起。

因此，这些思考从来针对的只是入学考试、排名以及学制上多少具有的一些非专业性或是跨部委的特征，也就是说职业生涯及行政生涯中许多的环节，实际上对国家行政学院进行改革是毫无用处的，而且这些改革应该在公职部门取得更广泛的发展之后进行，而不是在此之前——这一思想就此确立。对国家行政学院最近的一次改革发生在2006年，我们在反思中也会更加详细地阐述，这次改革只是徒有其名，因为这次改革的目标只是让该院适应外部的某些变化，效果很不好，且只停留于表面。然而，一场真正的改革，所赋予的目标不仅仅是适应，即对外部的发展做出回应，尤其是在欧洲范围内及分权的情况下，改革更应该重新创造。也即，并不是说改改学制就是在对国家行政学院进行改革，只有赋予其新的计划才可以称之为改革。在此我们捍卫这样的理念：精英教育改革应该是公职改革不可或缺的先决条件，否则也就不会有公职改革。体制正是通过精英才得以自我革新，因为体制本身并不会对自身进行改革。

如今，国家行政学院遭受着何种弊病，使其无法全力培养能够应对我们国家当今面临重大问题的高级公职人员呢？

尽管2006年进行了改革，我们首先看到的是高级公务员面对欧洲准备不充分，他们没有去了解欧洲真正但并不完美的运行方式，尤其缺乏从最基本的角度捍卫法国利益的目标；他们没有经过专门培训，却要去解决涉及千百万法国人日常生活的经济问题；他们与国防及军事机构没有丝毫联系，却在军队与国家对立的问题上推波助澜；如同我们广大的精英一样，他们对整个世界维持了一种大学式的天真态度，而这种态度无法应对当今的威胁，而且这在很多方面构成了法国人对赋予他们使命的一种背叛；国家行政学院不再是它所宣称的那样的精英院校，因为它缺少名副其实的教育以及真正的精英精神，这种精神的内涵是卓越与谦逊。如今的教学计划却完全没有道德教育，即最简单的人文教育，这一点十分引人注目。以上表述的只是存在的部分问题。

本文的目的在于，提出一个回应所有这些问题的方案，这些问题应该从政治的角度得以解决，而且可以非常确信地说，我们认为其中的部分问题从各个方面影响着我们整个的精英体系。在此，我们感兴趣的不是一大堆批评意见，而是尽力去理解长期以来主导国家行政学院运行的负面选择的政治及哲学基础，以便为我们所捍卫的理念创造真正的机会。如今我们努力的方向是国家行政学院最初的方案，即最初的两位缔造者——戴高乐将军，尤其是米歇尔·德布雷的思想及成立方案，以便重新为学院奠定得以重生的基础，我们让其走上改革的征程，考虑的是法兰西民族及国家的未来。

我们在此所建议的，主要是针对国家未来高级公务人员的崭新培训方案。首先我们想要通过这个方案，根据国家未来公务员与国家命运之间的永恒联系，提出针对他们品格、能力及道德品行的教学计划，以便他们更好地履行今后的使命。在以往所有对国家行政学院的改革方案中，没有哪个方案涉及了这一认真反思所引起的关键问题：我们想要培养何种类型的公职人员？对于法国，对于欧洲，应该采取何种方案？公职人员应该准备面对何种风险？我们如何启发他们去认识自己所肩负使命的意义和影响？我们想要教导他们哪些基本素质？我们想要给予他们何种道德教育？他们应该形成何种能力？通过哪些方法，我们能够保证这样的教育获得成功？在对国家行政学院教育体系进行反思的过程中，有些问题长期存在且不可避免，那就是与入学考试及毕业排名相关的问题。本书当然会探讨这些问题，因为它们很重要，但这些问题都源于一个总的问题，即如何根据高级公务员培养的目的来确定国家行政学院的教学内容。这才是关键。

我们之所以采用了评论的形式，而不是采用被束之高阁的报告的形式，是因为我们始终有这样的信念——高级公务员的培养不仅仅关系到国家本身。它关系到每一个法国人，他们有权利去评判为他们服务的高级公务员的培养方式，国家并不能随意地固步自封，国家的这些精英将接受人民意志的委任，而这样的委任又是至关重要的。在人民与精英关系紧张的时代背景下，精英们更是应该牢记这一点。

我们试图通过有关国家行政学院以及超出该院范畴之外的内容，来回答这个可以引发更多问题的根本问题，而且我们希望这个根本问题会最大程度地引发我们深入思考，这个根本问题就是：我们想要为法国的今天和明天培养何种类型的精英？

第一章
高级公务员和欧洲

“英国人，你们先开枪！……”

——安泰罗什伯爵，丰特努瓦战役

欧洲对法国极其重要，这也是为什么欧洲是我们针对法国精英改革探索的切入点。事实上，在欧盟机构内部，如今做出的众多决策都关系到法国人的未来。然而，法国正在经历的是对欧盟的不适应，比如说我们在欧盟建设中越来越找不到应有的地位，这样的欧盟，我们越来越不熟悉。但不管怎么说，我们的精英——知识、经济和政治精英，仍然对理想化的欧洲抱有真正的崇拜，而没有看到欧洲已经发生了改变。我们的精英，以及在法国负责欧盟政策的法国高级公务员，也必须对即将彻底远离我们的欧洲采用另外一个视角，是时候了。

在实现大有前途的共同理想之前，欧洲首先是个战场：正在布鲁塞尔如火如荼进行的影响力战争让参与方直接面对从根本上截然不同的利益，各方都希望从欧盟游戏中获取最大的利益。法国的高级公务员身处法国处理欧洲事务的第一线：他们是否准备好了去战斗呢？因为这样的战斗结果将决定我们的国家在离我们越来越远的集体冒险中的地位。他们是否准备好了面对真实的欧洲呢？他们应该为此做哪些准备？对这些问题的回答都是政治性的，因为赋予欧盟体系中法国高级公务员使命的意义取决于我们看待欧洲一体化进程中法国的地位，这样的地位成为了意识形态分歧激烈讨论的对象。然而，我们的精英在处理欧洲事务过程中，只有采用清晰、实用的工作方法才能重新获得法国人民的信任。

法国失去了欧洲

首先来看第一个事实：法国失去了对欧洲的控制。戴高乐将军的担忧完全有理有据：英国人成为了布鲁塞尔博弈的赢家。他们如今是欧盟委员会里游说、决策程序、政治、经济、司法及文化方面最能干、最精明的操盘手，还让他们的语言占据了欧盟机构的主导地位。20年来，他们孜孜不倦地按照他们的观点，从自己的经济状况出发，根据他们自己的游戏规则塑造着欧洲。我们的成功只是源于他们做出的让步。如果说这个事实可能看起来有些扎眼，甚至有些过分，这是因为我们不敢公开承认，这种状况意味着法国外交的失败。

第二个事实就是：法国行政部门精英中的大部分人并不认为失去对欧洲的控制是种失败，而是将此看作法国欧盟化的积极信号，这种欧盟化程度的高低取决于法国愿意向欧洲让步多少。布鲁塞尔越是听不到法国的声音，我们越是应该“欢欣鼓舞”，我们可不是有能力让欧洲利益超越我们自私的法国国家利益嘛。我们的精英中间实际上流行着一种真正的“欧洲至上主义”，他们认为欧盟委员会完美地体现了欧洲理念，并且他们把这种理念看作一种全新的意识形态前景，从中映射出我们正在沦丧的所有关于国家的梦想。在这样的背景下，质疑欧盟带来的真正好处或是去质疑我们从中发挥影响的方式就变得政治不正确了，因为欧盟不仅有利于我们伟大的理念，也有利于我们的经济、就业、政治、司法和文化，以及我们的愿景，有利于所有这一切。

然而，媒体经常反映的法国影响力的丧失，不单单损害了法国政府的自尊：它从很大程度上说明了精英、欧盟理念和法国人民之间存在越来越大的鸿沟，法国人在2005年5月29日的公投中投了反对票[①]。如今我们熟悉的盎格鲁-撒克逊式的欧盟不只是颠覆了我们的某些理念，它还冲击了我们的直接利益——我们的经济、就业以及影响力。针对这一问题，我们没有做出过任何严肃客观的经济分析（这有过吗？），因为可以肯定的是，这样的结果事实上从政治上来说将是非常残酷的，真正的欧洲在日常生活中不像不断给我们做出承诺的理想中的欧洲那么好。“欧盟经济爱国主义”这个命题之所以首先在法国提出，那是因为开放的欧洲和欧盟统一市场更有利于英国所代表的服务业，而不是法国代表的工业和农业：我们有些欧盟合作伙伴对多米尼克·德维尔潘2006年提出的方案反应激烈，反映出这涉及的是经济利益问题。

这个事实中存在三种可能性：要么我们低下头，对法国体制的不适应、对融入全球化的必要性进行忏悔，（虚伪地）屈服于

---

① 参见我在《会饮》杂志第24期2007年2月刊上发表的针对这一主题撰写的文章《非法国方式和宪法传统：为投票进行政治平反》。

盎格鲁-撒克逊的自由贸易主义秩序；要么采用一种纯粹但毫无用处的防守态度，尝试着保留我们全方位的“社会福利”和公共赤字。这两种方案的共同点是没有任何意愿介入欧盟相关机构，仅仅是对其做出整体接受或拒绝；要么，我们有再接再厉的雄心，也就是说再次致力于掌控如今完全脱离我们的欧洲一体化进程，使得欧盟的普遍利益同样也成为法国的利益。因为欧盟的普遍利益，并不是27个成员国通过友好的大型圆桌会议讨论而形成的一致同意的成果，而是由最强者强加而造成的妥协，但目前我们处于输的一方。

培养欧洲的高级公务员：是的，但怎么做?

在这场欧盟范围的影响力大战中（要注意，英国的情报机构已经大量渗透进我们位于布鲁塞尔的机构中了），高级公务员的培养和职业生涯成为了关键。而实际上，在法国，要想成为欧盟的高级公务员，只有两种方式：首先是有利于自身融入欧盟，也就是说，培养其作为欧盟高级公务员进行思考和行动的能力。这是法国如今选择的路线，这也是法国最近推行国家行政学院改革的意义，这场改革伴随着它的院长在2005年推行的改名运动：国家行政学院从此有了个毫不做作但又非常奇怪的名字，“欧洲治理学院”（国家行政学院既不是欧洲的学院，也不是治理学院）。在既定框架内，为法国培养欧盟高级公务员的想法（也就是培养他们掌握决策工具）有着欧盟怀疑论的嫌疑，而且故意没有对“培养欧盟机构人才”的意义做出界定。这需要由每个学生来选择自己切入欧盟的角度，但在任何时候，他们都没有被明确要求去了解欧盟的复杂机构，为的是去对抗他们的英国同行，从而更好地捍卫法国利益。捍卫法国利益的角度，仿佛会将他们引向恐怖的民族主义反应，在这过程中，似乎忽略和牺牲法国利益足以推动欧盟朝前发展。总之，这就是目前的做法，我们可以证明，它不仅基于欧盟一体化过时和故意扭曲的研究角度，而且恐怕最终也会妨碍欧盟一体化进程。

在此，我们支持为欧盟培养高级公务员的第二种方式，要知道国家行政学院的学生都是法国未来的高级公务员，不管怎么说都被要求巧妙地捍卫法国在欧洲的立场和影响，并根据我们的雄心壮志去打造欧盟本身，以便走出这种防守的态度，因为这种态度从长期来看并不会给我们带来任何益处。总之，这里说的并不是一种反欧盟的观点，或是纯粹功利主义的观点，而是现实主义的观点，基于对欧盟当前一体化进程的赞同，认可其当前的运作方式，而不是理想中希望的那种运作方式——只是希望从长远来看保证欧盟一体化的延续性。

随后我们来看看英国体制的几个关键词：英国高级公务员是通过快速升迁制度招募的，这种快速升迁包括内部渠道和外部渠道两种方式。在入学考试后，学制由“实习期”来决定，事实上这更可以说是学徒期（学生在此过程中没有实习生身份，英国不承认这一身份，而只承认初级公务员），并由各部委按照与私营部门招聘类似的程序招录年轻公务员来实施，这和法国毕业排名的体制不同。

在快速升迁制度当中还存在着一个精英渠道，对此外交部紧握大权：这就是欧盟快速升迁制度，每年通过该制度选拔十几位高级公务员去布鲁塞尔任职（类似于我们的“国家调任专家”）。如果和国家行政学院做个对比，这就好比毕业生排名中的“佼佼者”不去最高行政法院或是金融监察部，而是选择去布鲁塞尔任职。因此，“欧洲治理学院”应向那些人学习在欧盟的经验教训，尽管法国精英主动把他们当作怀有欧洲怀疑论的坏人。

调任到欧盟机构任职的英国高级公务员“与他们在欧盟的常设代表处及原来所在的部委保持着紧密的工作关系，这和法国的做法不同”，最高行政法院2006年做出的关于欧盟的报告羞羞答答地承认了这点①。这份报告并没有肯定“这种紧密的工作关系”与我们欧盟事业白衣骑士的高尚理想精准吻合：这恰如其分地说的是英国人对欧盟委员会最有效的操纵和影响程序之一，这是公开接受的程序，而且能让他们直接巧妙地提出议案，至少是从上游环节了解欧盟众多的立法过程。这样的过程法国人要过好几个月才能了解，而且法国人也只能从细枝末节的地方加以修改（通常是我们这些糊涂虫专享的外交礼节的角度）。这听起来很悲哀吗？欢迎来到真实的欧洲。

以真实的欧洲对抗神秘的欧洲

这个真实的欧洲，具体来说，是什么样的呢？我们的精英通常止步于机构层面，如同我们可以在描述欧盟的官方文件中找到的那样：“欧盟委员会是欧洲整体利益的载体，欧盟部长理事会和欧洲理事会体现的是成员国的立场，欧洲议会代表的是各成员国人民的合法性，欧洲法院确保遵守法律及实施各条约。”②

我们可以将这种观点描述为正统观点，这样的观点将官方确

① 最高行政法院，2007年公开报告《法国行政机构与欧盟：何种影响？何种战略？》，法国文献局，收录于《研究与报告》，第58期，第345页。

② 同上书，第237页。

定的角色赋予各个机构。但问题是，这样的描述通常是人云亦云，基于的是无知或是欧洲联邦主义的意识形态。

这才是更接近现实的版本，很多人肯定了解，但往往被忽略：欧盟委员会是一个寻求将其重要性及职能最大化的政治机构，但非常容易受到成员国的竞争性影响；欧盟部长理事会及欧洲理事会体现的是各成员国人民的合法性，这和欧洲议会一样；欧洲议会则是一个针对欧盟各机构，寻求将其地位及职能最大化的政治机构；欧洲法院是表现出坚韧的司法行动主义的机构，目的是宣扬欧盟一体化的超国家主义理念。

让我们对真实的欧洲进行抽茧剥丝式的梳理，首先从欧盟委员会开始。欧盟委员的政治日程可以简要地划分为三部分：在欧盟内部征集最佳方案并且不断提出新的立法议案，以增强欧盟在内外部的影响及政治视野；审慎且妥当地捍卫其所在成员国的利益，尤其要确保其能荣耀故国；致力于扩大欧盟委员会凌驾于成员国的权限，然而，欧盟委员通常只是其所在公署的代言人（这是其工作中几乎无意识的部分）。欧盟委员会内的权力属于各大公署的署长，上一次 2005 年署长改选时，法国人毫无意外地被彻底排除在最重要的公署之外（他们只是赢得了农业公署署长的位置）。各大公署对较高复杂程度的内容可做出判定，它们可以将欧盟委员引导至它们所偏向的政治选项：由至少十几位委员组成的委员会，既没有时间，也没有办法去质疑各个部门的导向作用，而且有很多文件会摆在欧盟委员的桌上，已经附上了结论，可以直接签署。欧盟委员及其公署之间的职责范围划分是如此明显，以至于各部门可以从实体上游离在委员会之外，而且欧盟委员与其公署之间的会见都是以相对非常庄重的方式进行，但频率不高。因此，对于成员国来说，提升影响力的关键并不主要在于欧盟委员的水平，而在于各个公署，英国人对此做了很好的理解。之所以这么说，是因为欧盟委员会的公务员大部分都是在欧盟开展职业生涯的公务员，他们的晋升希望在于欧盟。他们顽固地拒绝所有的自我批评，发展出了一个被层层包围的堡垒群，并且把所有的欧盟委员会改革计划当作成员国反对欧盟权力扩大的一种斗争工具①。他们关于欧盟普遍利益的概念非常简单：所有允许扩大欧盟委员会权限且限制欧盟其他机构及成员国权限的立法就是欧盟普遍利益。我们必须认清欧盟委员会这种常规工作的基本要素：欧盟委员会不是通过下达文件或发出立法提案来扩大哪怕是最低限度的权能。欧盟委员会体现的是代理行为：它与欧洲法院一起，往往还联合欧洲议会，主要致力于扩大其政治影响，尤其是对抗欧洲理事会。尽管如此，也不应将欧盟的政治游戏看成欧盟委员会与成员国之间的斗争，恰恰相反，由于欧盟委员会负责起草、建议法令，各成员国利用它进行斗争；真正的战斗在于掌控欧盟委员会。各成员国事实上是欧盟立法的首批“请求人”，它们往往以具有共同利益的成员国联盟的身份进行请求，而不是各个成员国在同一时间发起请求。欧盟委员会顺便从中获取最大利益，以收取“贡赋”的形式扩大其职权。苏珊·施密特很好地表现出欧盟委员会拥有利用时间（不受国家政治的束缚）和制度机构来推进自己的布局的能力：她首先确定有可能反对一项法案的成员国，然后（在欧洲法院的协助

---

① 以欧盟委员会主席若泽·曼努埃尔·巴罗佐2005年秋季讲话为例，他希望进行更好和更少的立法（更好的监管）：这种尤其具有象征意义的表达建议，目的在于回应欧盟委员会过多的立法。但在欧盟委员会内部，许多公务员都认为这如同背叛。按照这种观点，对欧盟委员会进行批评，就是“反对欧盟”，就是“有利于成员国”。

下）逐一进行确认，直到这些成员国同样地成为欧盟法案的申请者[①]。苏珊·施密特[②]给出的典型案例是机场服务自由化，7个成员国最初对此表示反对。欧盟委员会从1990年起，逐个打破了国家垄断，直到1995年大多数国家通过了欧盟立法，因为它们将从中获益，假如没有欧盟立法，那它们已进行的机场改革会使自身在竞争中处于弱势地位。

法国在欧盟中影响力的下降是非常显著的：如果欧盟委员会是一个真正不受各个国家影响的机构，那我们不用对此担心。但情况显然不是这样：如果说欧盟委员会在全世界表现为欧盟的政治机构，那它所建议的立法以及它所捍卫的政策，相对于成员国的利益而言并不是中立的。欧盟委员会实际上非常容易受到成员国和各种游说集团的影响，而且最狡猾最积极的那方总是能够主导实施建议的政策内容。此外，很多欧盟委员与他们原籍国的常驻代表处每天都联系。有些国家甚至直接利用欧盟委员会的公职人员作为施加影响或直接提议欧盟法案的切入点。因此，在一个原本对其并不有利的机构中再次站稳脚跟，这对于法国来说是非

---

① 例子就是最近围绕欧盟能源市场进行的战争（“多个欧盟国家关注布鲁塞尔对能源市场的改革”，《世界报》 2007年7月30日）：英国、瑞典和西班牙支持以自由竞争的名义对能源生产和销售网络进行拆分的欧盟计划，其他成员国则对此表示反对，以保护本国企业和避免成本急剧增加（法国、德国、奥地利、卢森堡、希腊和斯洛伐克就属于这样的情况）。这是欧盟日常运行现实情况的典型案例，我们可以将此描述为：一方面欧盟委员会试图获取欧盟能源市场监管者的角色，另一方面成员国通过欧盟委员会进行对抗。此外，这种分成各个派别的真实案例，是英国及其同盟国实力的真实写照，它们支持甚至主动提出在欧盟范围内进行对它们直接有利的立法，而欧盟委员会顺便将此作为扩大自身权限的手段，这再一次看到法国被迫组织防守联盟，而维持这一联盟的政治成本最后将非常之高。在这些材料中，丝毫不是欧盟利益的问题：每个参与方都从中寻求实现自己的利益，这就是欧盟运行的方式。

② 苏珊·施密特，“只有一个日程设置者？欧盟委员会对欧盟理事会的权力”，《欧盟政治》，第1卷， 2000年。

常重要的，这完全是因为它是永恒的影响力战场，而目前我们在这场战争中输了，我们要看看这是为什么。

从代理行为的角度来看，欧洲议会的作用类似于欧盟委员会，相较于欧盟委员会和各成员国的斗争，它在进行持续的战争以扩大自身的权限，而且我们可以说，在这个方面，它获得了真正的成功，以至于欧洲议会如今成了很有实力的政治机构，但法国人同样忽略了它。

和惯常的论调所暗示的相反，欧盟理事会甚至比欧洲议会更具有各民族的合法性。一切和在其他机构一样，英国将自己人安排到了欧盟理事会最好的位置，尤其是对外代表欧盟的总秘书处最好的职位上。

欧洲法院远非中立公正的仲裁者，在那里让·莫内的朋友们组成的其乐融融的俱乐部童话是不存在的。它成了一个斗争的机构，是欧盟委员会通过侵蚀成员国权限进行欧盟一体化进程战斗的盟友对象。欧洲法院的行动主义以及其在欧盟一体化中的政治权限从此为各成员国公认，也成为众多研究（及各种紧张局势）的关注点。然而，针对这一战略性机构的研究方法仍然非常幼稚。

从表面上来看，成员国是欧盟体系最为矛盾的一方。通常来说，它们的战略建立在两个基础之上：机构的成分，这决定了长期的方向（比如：小国依附于联邦式的欧洲，从而扩大这些国家的影响；“大西洋主义”国家依附于和美国的关系等）；局势的成分，这主要取决于各个国家的政治状况（将欧盟当作媒体推广的平台；将欧盟委员会当作某些招致民众不满的政策的替罪羊等）。从这个意义上来说，成员国是欧盟的首要行为体，但它们相互孤立，它们各自行为的汇总并没有考虑到欧盟的总体进程，而欧盟不仅仅是各种相互对立利益的共鸣箱。

最后，再谈谈这一体系最为积极且最为谨慎的因素：游说集团，地区性、商业、工业、宗教性质的利益集团，成员国和外国秘密机构，以及他们的代言人等。很有可能这些才是欧盟的首要捍卫者，因为欧盟赋予了它们前所未有的巨大优势，而在每个单独的国家，游说集团不可能获取如此优势，因为各国有其政治传统，往往坚决抵制少数群体，对五花八门的外部施压表现出更多质疑。

通过对欧盟主要参与者的简短描绘，我们想要表现什么呢？我们仅仅想说明，欧盟机构并不是游客眼中折叠式画册上那些毫无灵魂的人物像，而是一个个寻求将自己的影响力、地位及利益最大化的政治参与方，在任何场合下都是这样（盎格鲁-撒克逊国家的观察家和研究院对此做了大量的描写，而他们的政府懂得如何利用所有这些结果）。“理想欧洲”对欧盟建设的贡献应该放在其应有的位置，也就是说排在最后。这个世界就是这样，而且这并不会让欧盟建设变得如此不受欢迎。这仅仅意味着，如果借助于一系列手段，身处欧洲的各个国家不能从加入欧盟这一举动中找到持久的利益，如果不能让每个参与方在同意做出的贡献和期待的好处之间达到平衡，去明确而又积极地追求利益，那就不会有一个永恒、强大和统一的欧洲，一个能够有效自我防卫的欧洲。不要忘记，欧盟已经实现其历史目标，也就是保证欧洲各民族之间的和平。如今，在倾向于将自身作为目的的时代，在往往过于虚假的咒语般的激情中，把欧盟建设与拥护联邦制的明确计划联系起来远没有如此一目了然：大众面对向世界开放的、几乎没有规定其边界和身份的巨大市场，他们的感情很快就使得自己拒绝加入欧盟。

从欧盟运行的这种“现实主义”的概况中，法国能够得出什么结论呢？首先，我们可以得出和最高行政法院相同的结论，我们不能去质疑这种欧洲怀疑论：“如果法国不用其雄心壮志的决策及建议去维持欧盟制度，那它在面对其所感觉到很难避免而又无法取胜的计划时，不可避免地将陷入完全防守的地位。”① 最高行政法院在这方面承认，如果法国只是含情脉脉地凝视着欧洲女神，就想让她给予各种好处，这是不够的。也就是说，如果法国拒绝参与在布鲁塞尔如火如荼进行的影响力战争，而我们对这场战争的规则仍然非常陌生或不熟悉，那欧洲就会面临不断增加的困难和挫折的危险，更何况传统上有利于法国施加影响力的政策（地区政策、农业）也会丧失其重要性。全民公投否决欧盟宪法，在这点上毫无疑问构成了深得人心的警告：未来把欧盟宣传为“文明的进步”来吸引更多成员国，是不够的。

其次，如果法国真的想要实现保留其所有价值的历史方案，把欧洲打造成一个强大的欧洲，同时这又不意味着民族国家的消亡，那它就应该对此采取措施：欧洲应该捍卫欧洲利益的理念是源自法国的理念，盎格鲁-撒克逊人如今成功地对这一理念进行了斗争。欧洲应该在工商业领域捍卫欧洲的经济，也就是说，恢复一定程度的保护主义是必须的。这种理念同样也是英国人强烈反对的法国式理念，他们负责贸易的欧盟代表彼得·曼德尔森尤其反对该理念②。如今，英国人称之为欧洲利益的，只是他们对

① 最高行政法院，2007 年公开报告《法国行政机构与欧盟：何种影响？何种战略？》，法国文献局，收录于《研究与报告》，第 58 期，第 347 页。

② 《世界报》于 2007 年 7 月 21 日对彼得·曼德尔森所做的采访很好地反映了这一点。曼德尔森毫不掩饰，直接表示他反对法国支持的所有建议和理念，包括：在商业方面更多的保护；拒绝牺牲农业；针对受到中国竞争最多的产品，延长其纺织品配额制；针对没有为减少温室效应气体排放而采取措施的国家，对它们出口的产品征收碳税；推动欧盟企业发展；对国外主权基金在欧盟战略性行业的投资进行限制。最让人惊讶的不是曼德尔森反对法国的提议（这只是他背后主人的选择），而是法国没有任何办法从对立的角度进行权衡，以表明自己的立场而又不用担忧最基本的外交风波。

欧洲利益的理解，也就是说，纯粹是他们自己的利益（往往还有美国人的利益）。然而，还是应该大声疾呼：欧洲利益只是各种冲突利益之间的一种妥协。欧盟一体化进程的所有关键在于确保不会产生太严重的不平衡，以致损害欧盟任何一个成员的利益。

再说开去：事实就是英国人并不想要产生一个欧洲利益，因为这个利益事实上在面对他们的美国大哥时会表现出来。弗洛朗斯·奥特雷在《布鲁塞尔的美国》（2007年，瑟伊出版社）① 一书中很好地界定了欧洲在众多案例中让自身利益得以承认所面临的保留和困难（微软、伽利略计划、欧盟 REACH 法规②等）。在此，本书作者引用雷蒙·阿隆的话进行总结，他于1934年在希特勒当上德国总理后写道："到德国人那里，不要号称捍卫自由，而是要说保卫自己的利益。"按照这一说法，也就意味着"只有在表达我们利益的同时，我们才能在必要时候为保卫自由而奠定恰当的力量基础。"③ 当然，我们并不是要装出道德主义的样子。这无论对于欧洲还是法国都是正当的。法国人如果都没有能力从中构建自己的影响力网络，那他们又希望通过何种方式让欧洲的利益得到承认呢？

法国在欧洲的影响：极大衰退

回到欧盟机构及法国影响力衰退缘由这个话题上来：只有对高级公务员进行正确的评价，我们才能对我们的高级公务员培养

---

① 尽管书中提到的案例对于千百万欧洲人的日常生活产生影响，但是据我们所知，还没有哪项研究像这本书一样深入探讨欧盟权力中心的影响力斗争。

② 欧盟《化学品的注册、评估、授权和限制》法规。——译者

③ 弗洛朗斯·奥特雷，《布鲁塞尔的美国》，瑟伊出版社，2007年，第217—218页。

提出恰当的措施。此外，需要注意的是，这种衰退并不是最近的事情：从《阿姆斯特丹条约》起草开始，就看到了这一迹象。[①]

首先，这种衰退存在于数量和机构两个维度，一方面表现为欧盟机构中法语使用下降，另一方面表现为法国近年来丢了一些重要岗位。过去的研究通常止步于这一事实，并没有将这两个数据联系起来。这意味着什么呢？有两种方法来衡量法语使用的衰退：在欧盟各机构会议中作为工作语言使用的比例，以及法语用作欧盟法律文本最初起草语言的比例。考虑到英语在国际关系中使用范围不断扩大的这一趋势及其重要性的提高，法语用作欧盟机构间交流语言的范围在逐年缩小，不幸的是这种趋势是不可避免的，但这并不意味着，不需要与法语的边缘化现象努力地做斗争，尽管这一事实并不能直接归因于法国高级公务员的培养。相反，法律文本起草的问题反映了法语在欧盟体制内衰退的一个原因：缺少对欧盟行政机构内设职位任职及跟踪的投入，或者更确切地说，这些职位被法国政府当成了次要职位。

无论是在欧盟机构还是在其他国际组织中，法国的传统做法都是努力让自己的国民担任具有重要政治和舆论前途的职位。那现在成什么样了呢？法国丢了欧盟机构中的一些重要岗位：法国欧盟委员雅克·巴罗获得了二流的职位（交通运输）；在欧盟委员办公室中影响不大（25 位欧盟委员中，法国只有一位办公室主任及两位副主任）[②]；在上一届署长改选中失去了一些重要岗

① 安德鲁·莫劳夫奇克和卡利普索·尼古拉迪斯，《阿姆斯特丹条约解读：利益、影响及机制》，收录于《共同市场研究报》，1999 年 3 月，第 37 卷，第 1 期，第 59—85 页。

② 马克·尼克松和阿兰·弗朗哥，《被罚站墙角的法国》，收录于《观点报》，2004 年 10 月 14 日。

位。欧洲议会也未能幸免，议员雅克·弗洛克的议会报告[①]显示，欧洲议会的重要岗位几乎没有法国人担任，也就是说，在议会中的战略部门，尤其是涉及经济问题的部门以及协调人岗位，罕见法国人的身影。此外，与以英国为首的其他国家相反，欧盟机构“下属”的法国公务员并没有成为影响力的传播驿站，这主要有两个原因：首先是他们中的大部分人是通过欧盟的选拔考试，独自进入欧盟机构的，他们中的第一代人在法国经历了“冷门选手”的遭遇，也就是说他们可能是没被大学校录取的一批人；第二是他们对法国外交完全不感兴趣（而且往往是鄙视），他们之间往往也只是保持着非常疏远的礼节性联系。然而，在欧盟机制中，所有的“小公务员”都有机会成为涉及4亿5 000万欧洲人日常生活的欧盟指令的起草者。

然而，即使法国重新在欧盟机构中占据了具有远大政治前景的职位，那对我们的国家而言又会有什么样的真正好处呢？无论是担任欧洲央行领导人的让-克洛德·特里谢，还是担任世界贸易组织领导人的帕斯卡尔·拉米，在经常成为时事新闻的那些与法国政府的冲突中，并没有特别表现出照顾法国利益的倾向[②]。当然，出镜率很高的职位对于开展影响力工作并不是最有利的，因为身居这些岗位的人必须确保不能被人怀疑偏袒徇私。让-皮埃尔·罗班[③]曾就法国人超比例地担任国际高级公职这一现象，勇敢地提出以下问题：“这真正能给我们带来什么？”事实上，

---

① 雅克·弗洛克，《法国在欧盟机构中的存在及影响力报告》，国民议会，欧盟代表团，2004年5月12日，第1594号。

② 比如利率和文化例外的问题。

③ 让-皮埃尔·罗班，《法国人有天赋成为地球村的高级公务员吗？》，收录于《费加罗报》，2007年7月18日。

他这样写道："自1944年成立32年以来，在国际货币基金组织里担任总裁的有法国人（皮埃尔-保罗·施魏策尔，雅克·德拉罗西埃，米歇尔·康德苏），但它仍然是一个英美文化的机构。包括印度裔和巴基斯坦裔在内的国际货币基金组织经济学家大量毕业于大西洋彼岸的大学。30位承担国际货币基金组织日常工作的主要领导，目前没有一位是法国人。至于欧洲央行，它形成了英国传统：工作语言、领导秘书、相关的人事培训课程都是英国的，即使英国都还不属于欧元区……法国当然具备获得一流岗位的能力，但是法国倾向于忽略那些在等级制度中不那么显眼却在体制生活中最终更具决定作用的岗位。

我们的影响力网络在欧盟机构中面临大幅下降及式微的同时，还存在着解释我们无能为力的第二个因素，这就是我们的外交文化无法适应布鲁塞尔的政治。这事实上表现为以下四个特征，我们逐一加以描述：意识形态、机制层面、"立场主义"和媒体宣传。而英国外交则显得更加适应，表现出实用主义，具有全局观且与时俱进，而且……冷漠无情，手里握有掌控欧盟体系的王牌。

我们的外交没有脱离对务虚精神的偏好，因为许多法国人甚至很多精英都被务虚精神吸引。他们想让欧洲符合他们重要乃至专门的意识形态设想。对幻想化、理想化、集中了所有美德的欧盟统一进程的迷恋（其最终完成将标志着一种崭新的幸福秩序的到来）成为了如今法国在欧洲了无生气的主要原因。

从这个角度来看，努力影响欧盟机构等于承认欧盟机构并不会自动产生一个幸福的秩序，这确实属于冒犯。具体来说，法国外交更加"欧盟化"，而非欧洲化，也就是说，它把欧盟委员会看成欧洲行政机关的体现，公正无私，保障整体利益，超越各个党派：第三共和国的神话在欧盟委员会的身上被再次激活。虽然法国总是带着因这样或那样的蠢事而失望的一家之主的口吻批评欧盟委员会，并且经常批评，但从心底里被这位宠爱的儿子身上透出的优秀气质所折服。法国在欧盟常驻代表处的代表们面对欧盟委员会时表现得和法国议员面对政府时一样——急于批评，但在投票时却又中规中矩，爱之深，责之切。正是这一原则主导了我们对欧盟的批评，但心爱的孩子已经长大了，现在欧盟委员会对我们很陌生，坦率地说甚至抱有敌意。这种意识形态上的盲目，在巴黎政治学院和国家行政学院的课堂上一直被传授，并由欧洲崇拜的众多传道者公开传播，如今成果显现——法国精英无法对欧洲事务产生一个清晰且实用主义的看法，尤其在欧盟东扩之后更是如此。总之，“我们曾把身家性命都押在了欧盟身上，我们梦想这样的欧盟是法国式的、社会主义的。但我们发现 25 位成员组成的联盟，总体上来说是大西洋主义的、自由主义的，它在犹豫是否信任我们，而且完全没有认真对待我们”。①

英国的榜样

且不谈在欧盟建设中涉及的意识形态先验原则，大家长期以来对英国实用主义外交所展现出来的力量心知肚明，“让欧洲为己所用”的想法足以让这些英国人干劲十足。为此，英国针对欧盟问题的教育不同于法国进行的教育，有些方面可以进行比较：英国切入的角度主要是政治方面，也就是说它试图确定欧盟决策

① 伊莎贝尔·拉塞尔和洛尔·曼德维尔，《奄奄一息的陌生政治》，收录于《国际政治》，第 112 期， 2006 年夏季刊。

程序的权限，而在这一方面，法国教育保留的是更为中性和更为技术的方法，主要导向是宣传欧盟的意识形态。需要注意的是，据我们所了解，欧盟方面政治学的“《圣经》”——约瑟夫·威勒的《欧盟宪法》——尚未翻译成法语！[①] 英国人通过对欧盟体系的详尽推理来进行欧盟问题的教学，以下是从伦敦的一所大学推荐给学生的研讨主题列表中摘录出来的部分案例：

机构

欧盟理事会是不是欧盟的政府机构？

欧盟理事会的组成是削弱了政策连贯性还是为其作出了贡献？

欧洲议会什么时候可以影响立法结果？

欧洲议会从多大程度上可以使用“非正式”渠道和机制去影响立法结果？

欧盟委员会中的投票比重和投票规则有何含义？

如果可以，欧盟委员会在多大程度上可以被认为是一个“成功的政策制定者”？

如果成员国政府有动力将执行权力授权给欧盟委员会，那么它们为何还要成立“执行委员会”体系？

成员国为何将立法动议权交由欧盟委员会垄断？

“欧盟委员会是欧盟的公共服务机构，而非政府。”请对此展开讨论。

欧盟委员会是政府、官僚机构还是监管机构？

欧盟委员会对欧盟的政策制定有多大的影响力？

---

① 约瑟夫·威勒，《欧盟宪法》，剑桥大学出版社， 1999 年。

欧盟委员会的组成是削弱了政策连贯性还是为其做出了贡献?

"即使一项决策可以通过特定多数的方式来表决，欧盟理事会仍倾向于通过一致同意进行决策。"请对此展开讨论。

"《阿姆斯特丹条约》中的共同决策程序改革是欧洲议会对欧盟委员会和欧盟理事会的一次胜利。"请对此展开讨论。

"在马斯特里赫特和阿姆斯特丹达成的增加欧洲议会权力的政府间协议解决的是减少民主逆差的需要。"请对此展开讨论。

司法

欧洲法院在欧洲法律秩序宪法化进程中取得了多大的成功?

解释范根德·恩·洛斯案判例的事实和影响。您认为一个主权国家的法律秩序应该拥有何种特质?

谁是范根德·恩·洛斯案的最大赢家?谁又是最大输家?

是否可以采用无等级的观点对待国家主权?如果是，那欧共体条约的权限是否必须得到正当限制?

宪法和基本权利

"最近朝着《欧盟权利法案》的努力标志着在欧盟法律秩序中终结了对基本权利认可有瑕疵的进程。"请对此展开讨论。

请思考《欧盟基本权利宪章》对欧盟现有基本权利法律的影响。

有人曾说，在基本权利方面，欧洲法院从保守的态度转向了积极的态度，并借此发展出了一套关于基本权利的独立而又激进的判例。请从以下方面考虑是否如此：

- 欧洲法院在发展基本法律原则过程中使用的资源和解释方法。
- 欧洲法院认为应该受到基本法律原则制约的因素。

法律和欧盟一体化

法律给一体化进程带来了什么样的要素和决策程序？成员国政府在多大程度上是独立自主的？

单纯从行为体-利益这个角度来看法律，是否正确？在“第戎黑醋栗酒”（Cassis de Dijon）这一传奇性案件中，欧共体法律如何重构了行为体-利益这一关系？

法律是不是“无价值导向”的工具？法律所植入的价值是否具有凝聚力？

我们是否应将欧共体法律视为法律及政治舞台上只具有利益的东西？

这样的推理让学生能够独自了解芒什海峡另一端在欧洲问题方面达到了何种政治认知度。我们也要清楚：在法国，只有当所有法国外交官及大部分高级公职人员在相关教育体系内对这些问题进行探讨，我们才会有机会重新在欧盟体系中立足。

法国外交的第二个特征是：机制层面，这意味着法国很难设想欧盟会按照与官方的组织机构图不一样的方式运行。法国对并行影响以及游说这套复杂游戏一无所知，因为法国的政治文化对游说游戏一向疑虑重重，因此反感在欧盟层面游说。然而，游说是欧盟机构政治生活中的组成部分，而且自这些机构诞生以来就是如此。在雅克·弗洛克看来，“游说是日常生活中欧洲形形色色人等的交汇点”①。弗洛朗斯·奥特雷指出，其原因在于，从美国开始的非欧盟国家立即认识到了参与的必要性，通过游说影响欧盟这个机器。有朝一日，欧盟将成为各国角逐经济利益的丛林，特别是面对经济上外国难以渗透的国家，欧盟层面的游说可能会奏效。此外，欧盟委员会天生容易受到游说行为的影响，这些行为给立法提案提供支持和源源不断的资源，而立法提案又会影响成员国的传统。游说的做法在国家范围内会遇到巨大困难，而在欧盟层面往往容易取得成功（所以有些人说，欧盟首先是冷门选手的舞台）。甚至国家也会采用这种方法，弗洛朗斯·奥特雷这样写道：“自 1955 年以来，安卡拉已经聘用了美国四大公共关系公司之一的伟达国际公关咨询公司以确保其游说效果（以便和欧盟签署统一的海关协议）。”②

但欧盟委员会的标准程序性质本身使得游说集团必不可少地在上游采取行动，面对来自欧盟委员会的立法提案，一个国家或是一小部分被孤立的国家从长期来说，总是无法承受正面拒绝的政治成本。而事实上，一旦欧盟委员会在内部通过了一项提案，并将该提案提交给了欧盟理事会和欧洲议会，那么修改该提案的可能性就微乎其微了，现有的各项数据也证实了这一情况。因此，欧盟委员会起草提案的时候就必须一切协商妥当，这就把我们再次引向各个国家高级公务员的培训和职业跟踪这一关键问题上了。当欧盟委员会针对一个主题推出“绿皮书”（公开讨论的

---

① 雅克·弗洛克，《法国在欧盟机构中的存在及影响力报告》，国民议会，欧盟代表团， 2004 年 5 月 12 日，第 1594 号。

② 弗洛朗斯·奥特雷，《布鲁塞尔的美国》，瑟伊出版社， 2007 年，第 59 页。

一般理念）时，未来相应的立法大纲已经逐渐成形。在推出“白皮书”（级别更高的提案）时，已经为时过晚了。正如最高行政法院报告记载的那样：“改革的这个准备阶段得到了部分成员国的特别关注，从这个阶段开始，甚至在提案尚未形成之前，它们会动用自己在欧盟委员会内部的所有网络进行干预，这样一来，就使得法律提案最后是由欧盟委员集体通过的。”① 指出法国并不属于这类国家，这样做也是徒劳无益的……这和英国相反，我们将英国的外交文化形容为“整体外交”，也就是说这种外交会衡量各种可能施加影响的途径再综合考虑。当一份欧盟指令的法案到达欧盟委员团体层面时，就不可能对它进行深入修改，尽管这时法案尚未走出欧盟委员会。法国的不足在于，通常直到法案进入表面的机构流转流程时才对此做出反应：这和英国人全然不同，他们在这一体系的各个环节都做了投入，以便用他们的理解来影响法案的提出。谁才是怀疑欧洲一体化进程的人呢？

从这个时候起，法国参与欧盟机构的简单算术图，从数量上来说非常可观，但并没有考虑到其真正参与欧盟机构，也就是说政治参与的影响力大幅下降的现实。弗洛朗斯·奥特雷因此断定，必须实施行政同化：“只要法国尚未皈依辩护术以及有些欧洲同伴擅长的灵活操控影响力，那么它让自己被聆听的能力以及考虑自己立场的能力就会下降。”② 顺便提一下，法国企业长期以来也和法国的行政机关一样，不擅长游说。

法国外交的第三个方面：“立场主义”，这是制度认识带来

① 最高行政法院， 2007 年公开报告《法国行政机构与欧盟：何种影响？何种战略？》，法国文献局，收录于《研究与报告》，第 58 期，第 257 页。
② 弗洛朗斯·奥特雷，《布鲁塞尔的美国》，瑟伊出版社， 2007 年，第 56 页。

的必然结果。我们法国人通常不懂得去提前塑造或预先判断欧盟委员会提出的欧盟标准，属于后知后觉。我们会从自己的角度出发拟定一个法国拥护的立场，并在红线范围内捍卫这个立场，而我们在一开始就天真地亮出了这些红线。这样的方法，我们称之为“立场主义”。我们的对手对此非常熟悉，有时他们会对此进行嘲讽，但主要还是为此而发火，因为这往往会“以桌子上较手劲外交的形式”而结束，也就是，虽然，此时在秘密参加相关争议标准的参与者联盟内部已经达成非正式的一致意见，但法国还是想在最后时刻强行按自己的意见通过。不幸的是，在 27 个成员组成的欧盟当中，法国无法整体否决所有对其不利的政治力量，它最多只能对其中的某些提案稍作改动。而相对应的是，我们可以将英国外交形容为“与时俱进”：一方面，它的立场很少一成不变地固定下来，尤其是它对潜在的易货贸易特别敏感，往往是这一领域的胜者；另一方面，英国经常按照自身的优势及观点在上游大量干涉提案的提出。

法国外交的最后一个方面就是它永恒的阿喀琉斯之踵——虚荣[①]。我们的外交注重媒体效应，它需要的是看得见的成功，是媒体授衔仪式。这也是为什么法国在担任欧盟主席国期间不惜任何代价促成签署《尼斯条约》，而这个条约对我们并不是非常有利。相反，英国担任主席国的任期结束于 2005 年 12 月，期间通过了对英国人非常有利的 2007 — 2012 年财政规划，尽管面临了媒体的负面压力，但他们坚持住了，由于他们全然不考虑自己的

---

① 让-皮埃尔·罗班在前述的文章中写道（《法国人有天赋成为地球村的高级公务员吗？》）：“1990 年成立的欧洲复兴银行和 1998 年成立的欧洲中央银行，分别位于伦敦和法兰克福，（法国）两度放弃成为这些银行的总部所在地。”然而，他总结道：“人比宝石重要，可惜人活得没有宝石时间长久。”

形象，从而完完全全地达到了自己的目标。

随着盎格鲁-撒克逊文化在欧盟机构内部，尤其是在欧盟委员会内部的渗透，最新的一个不利条件又让法国人雪上加霜：管理文化与等级制。这可能是陈词滥调，但值得重视，在欧盟机构内部，工作成绩首先是建立在已从事工作的效率和质量上。付出决定成就。然而，法国人很难接受国家的等级制度（尤其是政府重要团体的等级制度）在欧盟机构中是无效的；这部分解释了相当少一部分国家行政学院的毕业生在欧盟委员会工作（20 多人）。

总而言之，法国在欧洲影响力的下降处在这样一种背景当中：法国外交无法很好理解当代世界的重要问题，也无法进行脱胎换骨的改革。在过去的 20 年中，我们经历了一个令人惊讶的悖论：法国一直以来都希望站在打造一个按照法国形象来塑造的政治欧洲的前沿，但自冷战结束以来，它却在欧洲的几次重大危机当中落后了 10 年：德国统一、南斯拉夫问题、欧盟东扩。正如伊莎贝尔·拉塞尔和洛尔·曼德维尔所说，法国已经没有手段去实现其在国际政治中道德主义的雄心，而且我们的信用每年都因此遭受更大的损坏①。

我们并不想不惜任何代价来美化英国的外交，也不是想让人认为就需要全盘照抄。法国应该对我们的国家文化以及我们的制度进行改革。外国取得的成功那么耀眼，而我们的失败又是如此明显，所以假如我们不再思索改革并抛弃改革的想法，我们将犯下错误。

---

① 伊莎贝尔·拉塞尔和洛尔·曼德维尔，《奄奄一息的陌生政治》，收录于《国际政治》，第 112 期， 2006 年夏季刊。

同样不应从我们的思考中推导出，我们没有能力去弘扬我们的某些理念，而事实上仅仅是因为我们缺少方法或缺少在欧盟决策过程中的投入。法国影响力下降的一部分原因纯粹可以从我们某些公共政策的落伍特征中找到答案，在对我们享有盛名的社会模式进行改革之前，我们不可能输出这一模式。同样，如果我们的教育制度像宣传的那样，那它早已被世界各地模仿了，那么我们在这个领域的影响力就根本不成问题了。

在我们衷心呼吁重振法国在欧盟影响力的事业中（有这样的愿望是第一步，需要坦率而正式地迈出这一步），对高级公务员教育和跟踪培养的改革是非常关键的，因为这是负责塑造法国欧洲政策的重中之重。

欧洲高级公务员培养的得失

当今体制的优势和弱势是什么呢？优势即国家行政学院上一次进行的改革将欧盟事务教育这个问题放到了其应有的位置，也就是放到了学制的中心。长达 8 个月的第一个教学模块全部围绕欧盟事务，并提供 4 个月的实习和深度教学。 2006 年，大约一半的学生都曾在欧盟机构或是多边机构（联合国等）中得到了实习职位，其他人则拿到了双边外交或是在国外行政机构中实习的岗位。

然而，这一新学制的缺陷存在于多个方面：首先是从其技术维度对实习进行限定。学生在欧盟委员会总署办公室实习之后，需要花几个月撰写与技术官僚治理主题相关的报告，因此，即使学生在实习之后会对布鲁塞尔的机构和行政文化有很好的掌握，但是在该学制模式下，他在理解欧盟运行政治实践这一层面仍然会毫无进展。目前，法国只是将欧盟对人才的教育理解为技能实习，拒绝对大学生进行欧盟问题的政治教育属于受到欧盟理想主义崇拜引导下的意识形态选择。而事实上，欧盟事务教育培训的好处只在表面上是切实的：我们仅仅是培训了一些为官僚机器的运行做了更好准备的公务员，但确定无疑的是他们仍然没有掌握决策机制各方面的实质。正是出于这个原因，我们之前曾说过，如今的学制使得高级公务员欧盟化了，也就是说，他们接受教育仿佛他们已经被召唤成为欧盟公务员了。有人对欧盟委员雅克·巴罗提出了以下问题："您如何看待国家行政学院对欧盟越来越开放？"① 他回答道："考虑欧盟对他们来说应该是第二天性。"然而，法国高级公务员们"只考虑欧盟"，这就是我们真正想要的吗？如果他们能不去思考欧盟问题，能避免陷入对过去的欧洲、对神秘的欧洲的意识形态的考虑中，而是为法国以及欧洲的利益而努力，恐怕这样对法国更有好处。如果说法国高级公务员有个缺陷，那就是过于考虑欧盟，特别是在一个 27 个成员国组成的、充满了成员国和利益集团的各种竞争战略的欧洲。需要注意的是，雅克·巴罗并没有说"考虑欧洲"：他自然而然地将欧洲和欧盟融合了起来，这本身就是一种利于欧盟委员会这一机构的意识形态的选择。然而"欧洲"理念中并非只有"欧盟委员会"，实际上丰富得多。

我们现在来说说当前体制的第二个缺陷：缺乏目标。在英国，官方要求高级公务员有捍卫英国利益的义务。这样的要求从未出现在国家行政学院学生的课程中，这些课程如今围绕着这种

① 国家行政学院《2006 年报告》记载的访谈，第 15 页。

理念展开——“欧盟”（欧洲）和国家利益必定是趋同的。根据官方的信条，实际上就是不存在法国利益不同于欧洲利益的可能性，因为法国终究是要被召集融入进欧洲的，这是进步。很好，这也是事实。在这样的背景下，抱怨法国在欧洲影响力的丧失已经成为了陈词滥调，起不到任何作用。

当前体制的第三个缺陷，一部分属于国家行政学院本身：缺少对派往欧盟机构任职的法国公务员职业生涯的跟踪。最高行政法院自己承认，法国公务员到布鲁塞尔任职，并不会为自己的职业生涯镀金，有时还会成为一种限制，这与英国的体制不同，英国公务员到欧盟机构任职会带来更加有意义的前景。而被派遣的法国公务员和他们原来的行政机构之间却没有任何交流。不幸的是，这种变化需要法国行政文化的改变，而这在短期内恐怕无法实现。《观点报》报道了这种交流[①]：（欧盟委员会的）一位法国籍局长说，“英国大使每个月都会打电话给我，共进早餐。在早餐结束的时候，他会塞给我两张列表，一张是我局里空闲职位的列表，另一张是可以胜任这些职位的英国公务员名单”。而法国大使？“我每年只能见到他一次……7 月 14 日法国国庆日”。这说明了一切。

最后一个缺陷当然是技术性缺陷，但也很重要。国家行政学院学生在欧盟机构中实习的期限太短，不仅是因为学制的原因，还有一个特别重要的原因，即欧盟实习生之间存在竞争。国家行政学院派至欧盟委员会的实习生实际上获得的身份是“结构性实习生”，也就是由各国政府推荐的实习生，与欧盟委员会直接选

① 马克·尼克松和阿兰·弗朗哥，《被罚站墙角的法国》，收录于《观点报》，2004 年 10 月 14 日。

拔的“志愿实习生”不一样。“结构性实习生”的实习期越长，那从其工作中获益的欧盟委员会下属部门对其就会越感兴趣，因为实习时间越长，学生本人的工作效率会得到提高，从而所在部门的整体效率也越有可能提升。越是接近欧盟委员会等级制度的顶层，就越会得到更多重视，因此，考虑到这样的职位比较少，尤其是欧盟委员身边的职位，成员国之间的竞争就越是激烈。这样一来，如果每年只留出 4 个月去实习，那么，国家行政学院的法国实习生想得到欧盟委员会热门部门的承认将面临越来越多的困难，他们就无法与大部分成员国的实习生竞争。这些国家非常清楚地认识到， 6 个月是让欧盟战略性部门感兴趣的最短期限，欧盟委员办公室尤其如此。国家行政学院的实习生十有八九会发现越来越难在这些办公室找到实习岗位，比如英国的“结构性实习生”（又顺便提到……），他们有时实习会超过 1 年，最后有些人成了欧盟委员办公室真正的临时工作人员……然而，这些却并没有被正式统计在平衡各国影响力范围的官方数据中！此外， 2006 年之前， 4 个月的实习期可以通过实习生继续留任而得到延长，他们可以继续留在相同的岗位，如同原先的学制也允许实习生按照 6 个月为一个阶段，并且可以留任同一岗位；但在 2006 年进行的新的学制改革中，很不幸的是，已经不允许这样做了。这造成了每年下半年在布鲁塞尔的职位空缺！相关部门不会像一位公主等待白马王子前来效劳那样，留着岗位空缺以等待法国实习生的出现。

重振法国的建议

这些事实很明显，以下是一些建议，能够让法国高级公务员准备好去巧妙地捍卫法国在欧洲以及为欧洲努力的雄心壮志。

首先，必须保证在欧盟委员会（或是其他机构）最具政治性和战略性部门的实习期限达到6个月。正如我们在本书后面章节将要看到的那样，这就是为什么需要重新回到以前实习学制的做法：第一阶段实习将达到6个月的时间，而第二阶段实习（8月15日至12月底）要短一些，但必须保证实习的连贯性。在这个时间段内，他们将有更多机会保留同一个岗位。这样一来，上半年派给欧盟委员的国家行政学院实习生岗位可以在下半年由第二个实习生来接替，并照此延续下去。

第二，在去欧盟机构实习之前，必须要安排学生进行为期一周的集中研讨，从而让他们掌握欧盟政治运行（非技术性运行）的诀窍，并强调他们今后实习以及去布鲁塞尔的意义。研讨课程可以同时由实践者（游说专家、现任欧盟公务员、外交官）和政治学教授讲授，唯一的目的就是介绍一个真实的欧洲，一个影响力战争下的欧洲，一个经济战下的欧洲，一个多方博弈的欧洲。理想的做法是必须要重新研究我们之前提到的所有政治问题，这是英国对欧洲事务培训的核心。研讨课程同样还可以请欧盟事务总署［SGAE，前欧盟经济合作问题部际委员会总署（SGCI）］和法国总统府代表来参与，免得学生去实习的时候还不像未来的欧盟公务员。

第三，不管学生被派往何种工作岗位，国家行政学院的所有学生在就业培训期间，在毕业排名结束后，都应该接受欧盟事务培训，这包括一门公共主干课和一门根据他们被派去工作的岗位而选择的专业课程。这样的培训目的在于：补充学生们的专业知识；让他们的实习经验与时俱进；让那些没有在欧盟实习过的学生做好准备；让学生们了解今后的使命。培训应当在国家行政学院进行，而且所有被派驻欧盟的专业人员在前往布鲁塞尔之前都应该接受这种欧盟事务培训。

第四，学生撰写的实习报告应以介绍实习期间提出的或通过的欧盟立法流转程序为统一主题。这是引导未来高级公务员走向众望所归的方向——拥有理解、预测和建言的能力发展的最佳方法。通过撰写这样的报告，学生能够了解不同行为体在遵循欧盟规则时不同行动的意义。这些行为体包括国内或国际利益集团成员国、外国政府、企业、欧盟机构以及个人。提及个人是因为对于国内政治而言，个人行为总会影响到欧盟事务。撰写报告是让学生了解这一切唯一恰当的方法。

第五，必须将欧盟问题列入国家行政学院入学考试笔试必答部分。事实上，现在考生考试，仍可以在笔试的时候选择“社会热点问题”，而把“欧盟问题”留到口试。在进入国家行政学院之前，考生应该把欧盟内容与法国的政治结合起来，因为国家行政学院的使命不应只是提供单纯的技能教学（这在入学考试前就应该认为是必备内容），还应提供政治培养，这才是其价值所在，才是其强项，而且，这也是其职责所在，我们甚至可以说是它赖以存在的理由。

第六，国家行政学院入学考试在第二门外语口试的基础上，应该再包括一门外语的笔试，而且这是必考内容，而非像现在一样的选考内容。如此一来，所有学生必须准确掌握至少两门外语才能进入国家行政学院。这对当前的体制完全是否定性的：原来准备进入国家行政学院的大学生不需要在语言上花多大精力，因为在入学考试笔试时，语言并不是必考内容，而且在将来毕业排名时这个标准也没有多大改变。但是，选择外交生涯的学生如果没有语言的基础，会使得他们在语言交流上非常弱，这样的体制培养出来的高级公职人员，他们较低的外语水平会妨碍他们真正融入欧盟以及世界上具有影响力的机构。

最后，尽管存在实际困难，还是应该把国家行政学院迁到巴黎。斯特拉斯堡真正的不便之处在于，离布鲁塞尔这个欧盟真正的决策中心过于遥远。斯特拉斯堡的欧洲议会驻地，位于国家行政学院目前校区的正对面，实际上只有在每个月召开全体会议的时候才会热闹上几天。此外，斯特拉斯堡的定位无法与发挥全球影响的抱负相匹配，尽管斯特拉斯堡有各种魅力和优势，但巴黎仍然是巴黎。对并入国家行政学院的欧洲研究中心的设想是，让其成为欧盟培训中心，并准备让它负责欧盟的选拔考试。然而，在这个方面，它肯定将被巴黎政治学院超越，而且很有可能在还没有完成其标榜的宏伟目标的 1/4 时就销声匿迹。

当然，如果这些建议要得到预期效果并持续下去，那么，同时应当进行法国行政机构中欧盟事务领域的结构性改革。为此，最高行政法院在其 2007 年的报告中总结了一些应该实施的建议，这些建议很多都是对英国体制简单而纯粹地改编或照搬：在共和国总统职位下设一个“欧洲战略顾问”；在各部委中新设或保留与欧洲相关的机构等。但是要注意：机构改革并没有回应目的这个关键问题——我们想要借此做什么？回答是有策略性的，主要在于抛弃法国精英对神秘化的欧洲抱有的那种意识形态。

与此相对应，自 2007 年 1 月 1 日以来，在国家行政学院内部设立的欧盟问题高级研究培训项目（CHEE）成了展示声望的典型案例。法国重新注重利益投入，这个项目的效果还有待论证。对外国审计员进行的卓越培训不应就此取代建立一个对法国高级公务员及稍低层次公务员培训、推介、职业跟踪的制度，仅凭这种培训、推介、职业跟踪的制度就能够为宣传我们的抱负和捍卫我们的利益做出贡献。此外，不要幻想太多，只有法国重新在欧洲获得影响力，欧盟问题高级研究培训项目才会吸引真正的决策者加入。

当然，我们毫不怀疑，很多法国高级公务员已经认识到了我们试图描绘的现实情况，而且他们已经是这方面的知名专家。但他们不一定从中就能得出处理欧洲事务的正确方法。漠不关心及意识形态盲目这两者的长期混杂，事实上直到今天都在妨碍找出针对所有这些问题的清晰而实用的处理办法。在对派往处理欧盟事务的法国高级公务员培训和职业跟踪进行任何改革之前，无论是在各个部委、双边和多边的大使馆，还是在欧盟机构本身，都应该进行文化上的现代化改革。为此，应该摒弃亲欧盟的理念——亲欧盟必然要牺牲国家利益，必然会将更多权限授权给欧盟，优先选择欧盟框架而非政府间的框架。不管怎么说，我们的机制首先应该做出调整，以便再次征服我们曾经丢弃的欧盟委员会，倒不是出于欧盟利益的考虑，而是为我们自己以及其他方方面面的影响力，因为现在的机制并不一定符合法国以及欧洲人的利益。

第二章
经济情报

“欺骗欺骗者，这才是真正的游戏正义。”

——夏尔·佩罗，《狗、公鸡和狐狸》，收录于《寓言》

法国国家行政学院与其经济领域的校友们之间的关系问题通常可以归结为唯一的一个主题，或者说是一种批评，即对“下海”的批评①，而且必然存在着他们对上述下海行为的准备不足问题，也就是缺少与之相对应的商业教育。然而，我们忘记了，国家行政学院最初成立的时候同样也是为了保证战后国有化的大型企业能够招募到领导干部。因而，在整个战后重建时期，国家行政学院培养的高级官员进入国有企业的领导层，这也就不足为奇了。20 世纪 80 年代经济范式的改变推翻了游戏规则：培养未来的企业管理干部，不再是国家行政学院的职责。此外，考虑到现在国家控股的大型企业

① 从严格的意义上来说，我们就是这样奚落高级公务员进入大型国有企业的。

数量在减少，现在的“下海”也只是涉及一小部分校友。对高级公务员临时或永久地进入私营部门工作，如果我们继续称之为“下海”，那就错了。现在，他们是按照适用于所有人的方式通过招聘入职的，有时被辞退也是如此。如果说国家往往因此流失了优秀人才（如今优秀人才比之前离开得更早，平均为40岁左右），那国家只能对此承担责任：国家给大众化的公职规定的是标准化的程序，甚至是极其平均主义的，而且，法国的高级公职是经合组织国家中报酬最低的公职之一。

不管怎么说，经济的私有化和全球化颠覆了国家的角色，以至于现在我们很难有一个明确的理论去界定国家干预的框架和界限。此外，存在着对以下观点的普遍认同：尽管市场经济取得了成功，可除单纯的监管之外，政府仍需要继续在国民经济中扮演一定角色，即便各届政府很难赋予自身角色以稳定的内容，以期在自由放任和干预主义、自由贸易和保护主义、单纯的支持和对企业积极提供帮助三者之间找到恰当的平衡。

找到平衡

为什么很难达到这种平衡?

第一个原因来自于文化层面：法兰西精神表现出了对制度和意识形态方略的过度追求，因而在以实用主义的方式行事的时候遇到了极大的困难。然而，现代经济世界运行的条件使得实施唯一一种方略变得不可能，因此我们看到法国政府先后被绝对的自由贸易主义和保护干涉主义所吸引，而且从一种主义转向另一种主义都没有一个整体连贯的方案来过渡，这就造成了巨大的混乱。当法国与国外更为强大的意识形态（自由贸易主义、全球性竞争以及所有与之相伴随的政治、经济文明）相碰撞的时候，法国通过模仿而不是出于自身利益建立了一个总体原则。和所有照搬照抄的制度一样，我们并没有掌握其中的诀窍①，而只是尝试笨拙地对过分之处进行改进，然后加以简单运用。盎格鲁-撒克逊人很好地掌握了法国人对制度精神极端敏感的这个弱点，比如，当法国人试图引入一定的保护主义时②，或是当政府介入以保护其在经济领域的根本利益时，盎格鲁-撒克逊人采用和法国人在自我抨击时相同的心理操控法：道德负罪感。他们成功地赋予了“保护主义”这个词汇与“种族主义”或是“法西斯主义”相同的侮辱性特征。无论是英国人、美国人还是今天的新兴国家，自由贸易主义从未成为其绝对的信条，他们在实践自己宣扬的原则时经常曲解原意，以便让自由贸易主义成为更好服务于自己利益的一种经济制度。美国继续实行一定数量的经济保护主义法案，而这在欧洲是没有的，从而使得美国联邦政府能够正大光明地干预经济。然而，法国只要一产生进行相同立法的想法，那么“保护主义”（更加文雅地说是“柯尔柏主义”③*）的指责就

---

① 我们以美国为例：某些经济违法行为的刑法特点，外交和情报部门在市场开拓时的强势介入以及财政赤字，凡此种种是否真正符合我们一厢情愿认为的美国经济政策秉行自由放任思想？

② 我们想说的是广义上的保护主义，也就是从国家层面来说的计划，比如反对公开出价收购的法令。法国在欧盟层面其实没有实施任何关税保护主义。

③ 这恰恰是之前美国用来形容尼古拉·萨科齐在2007年总统竞选中施政纲领某些内容所用的词语。然而，没有比美国表现得更加柯尔柏主义了，如果说我们认为奥利维耶·帕斯特雷已经被断章取义地使用柯尔柏的方法扰得不胜其烦，他想要让一种行之有效的经济爱国主义成名，这种爱国主义主要基于《柯尔柏的方法或是行之有效的经济爱国主义》一文中的实用主义。（佩兰出版社，2006年）

* 柯尔柏主义：17世纪法国实施的重商主义政策。让·巴蒂斯特·柯尔柏从1665年至1683年任法国财政总监。他为了增加封建贵族收入，扩大国家财源，加强封建王权，推行重商主义政策。柯尔柏主张减少人头税，增加间接税，把一部分国税放到工商业上，增加工商业资产阶级的税收。

会在相关的舆论圈巧妙地流传开来，从而搅动法国的政治界和知识界，正如“种族主义”这个词继续在更广泛意义上谴责那些试图抨击移民问题的人一样①。

而造成国家治理理论极大不安的第二个原因完全是客观的：经济世界处于双重压力之中，这一压力也就是财富的生产。

第一个矛盾是法国领土或者说“法国位置”与“世界位置”形成对立的矛盾，具体说，这是国家与经济世界之间的矛盾。前者是民族政治实体，具有确定边界；后者将世界视为疆域，更准确说是把世界视为市场。国家的利益在于努力让法国企业在本国领土上最大限度地创造更多有利于法国、法国公民以及法国选民的财富。这并不一定与企业的利益相对应，企业的利益在于为自己创造财富，它的目标不是民族的福祉，而是追逐利润。我们这么说并非为了做任何价值判断，我们仅仅是对全世界的普通情况做个有价值的陈述，经济领域的参与者在世界各地都以相同的方式行事。如果说有些跨国公司给我们以带有来源国特别明显标记的感觉，这不是它们领导人的思维方式或国籍产生的结果，而是因为来源国通过商业政策、行政机关在经济情报领域提供的积极帮助，以及通过法律体制的一整套措施将国家利益和相关公司的商业利益合为一体。这样的事实可以让我们避免两个风险：从这个意义或是从另外一个意义上来说，第一个风险是赋予企业道德或非道德的情感或行为（企业既不爱国，也非不爱国，它只是从

① 关于经济情报的政府网站（www. intelligence-economique. gouv. fr）内容非常完整，且自认为已经有了进行如下自我辩护的义务：“保护主义，不仅违背我们的利益，在我们欧盟和国际性的承诺范畴中也是不可想象的。”我们试着花 1 秒钟去想象一下，这样明确表达出来的意识形态担忧出现在美国政府网站上，会怎么样？

事生产，这就是它的功能[①]）；当然，另一种风险则是认为全国性的、欧盟的或全球性的市场的力量自然会有利于建立国家的秩序，甚至是像欧盟这样的国家联盟的秩序。对企业提供各种帮助，或是对财富的交换进行某种限制，从而使得企业最大程度地有利于国家，这是政府的责任。因而，这在欧盟范围内也是有意义的。世界财富的增长不会也不应成为法国或是欧盟的目标，不管怎么说，它们应该分别考虑法国经济和欧盟经济（这并不意味着将必然或是只能转向严格意义上的保护主义）。

财富生产的第二个当代矛盾来自于欧盟建设所取得的进展：它使得法国的监管者和欧盟甚至是全球的监管者对立起来。为什么欧盟委员会反对欧洲保护主义的思想，反对欧盟优先并最终反对法国认为非常重要的欧盟利益？美式游说的渗透以及我们在前一章提到的英国人在欧盟体制内的影响只是部分原因，它没有考虑到欧盟委员会对全球化自由贸易以及对实施某种欧盟经济爱国主义毫不关心的制度性偏好[②]。而事实上，欧盟通过建立内部市场以及竞争政策而确立的经济监管者的角色是唯一符合其政治本质的。其政治本质即欧盟首先是一个面向成员国甚至面向世界时

---

① 这并不妨碍有些总裁重视他们企业发展的“爱国性”。

② 对这个概念的争论仍在如火如荼地进行中，很多人质疑其效用（比如，参见让-马克·德·里斯尼德尔的文章《经济爱国主义：雄辩还是预测》，收录于《评论》，第 113 期， 2006 年春季）。从字面意义上来看，这个概念实际上假设企业家有道德义务去做出“爱国的”经济选择，但这一假设容易引起错觉，因为它低估了经济决策的属性。然而，从广义上来看，它完全了解欧盟成员国的迫切需要，即利用它们所拥有的手段来促进各国的财富生产，尤其是在经济情报方面：虽然大部分的这些手段与相关企业的利益吻合，必须承认的是往往不总是这样的情况（在中小企业和大型企业的利益之间的冲突往往导致仲裁，这与经济开放问题显著不同）。这种困境恰恰说明了政治仲裁者的行动及其存在的必要性，政治仲裁者考虑的是整个社会的利益，而不仅是大企业的利益。

积极寻求扩大自身权限的机构[①]。欧盟委员会捍卫的是经济自由主义（更确切地说是全球自由贸易主义），因为在其看来这是服务于欧盟一体化的最佳意识形态，也就是说在整个欧盟范围之内，对在一国范围之内已经没有管制和障碍的经济体制进行监管。欧盟委员会是极其自由主义的，因为经济自由主义能够证明其权限的不断扩大以及其作为内部市场和竞争的监管者行为重要性的意识形态：它自认为是欧洲的世界贸易组织。此外，作为经济监管者，它的政治领土不仅仅是地理意义上的欧洲领土，而是整个世界，更确切地说是经济上的整个世界。再者，它对其政治选择决定欧洲财富分配的方式一无所知，这与各个成员国民选的政府相反，民选政府必须向选民报告经济和就业情况。更为平常的是，对于欧盟委员会的公务员来说，被视为世界范围内的经济监管者比起欧盟经济捍卫者来说更加舒服（比如在竞争方面，欧盟委员会处理垄断事宜，比如微软垄断案件）。这使其一方面与欧洲所有的经济竞争参与方对立，另一方面，考虑到每个成员国从欧盟决策中得到的利益不同，又与欧盟各成员国对立（比如，对一件产品增加关税往往对一个成员国是有利的，但对另一个成员国则是不利的。此外，并不一定是出于商业方面的考虑）。然而，法国和欧盟在这个方面的矛盾尤其突出，因为如果开放了经济边境，法国的力量将从经济上被削弱，因为法国是个中小企业组织结构不强的工业国（这些企业过小，不具有代表性，对占领新市场准备不足，这也从一定程度上解释了近年来法国对外贸易

---

① 我们记得，欧盟委员会曾坚决反对法国在2005年提出的反对公开出价收购法案，法国想要保护10个被认为是“敏感”的行业以阻止可能的收购者，而法国工业中的佼佼者每年都可能被归到外国企业或政府旗下，此外，这些外国政府拥有与法国尝试引入的内容完全相同的立法权。

额不大）。法国比任何其他欧盟国家更加容易受到企业外迁、社会政策、税收以及环境等的威胁：它所同意做出的一切改变（当然有些是必须的）不足以弥补其劣势，尤其是面对“新兴”力量的时候。考虑到新兴国家在工业领域的进攻性，叫它们“新兴”还真是取错了名。

另外一个重要问题则是我们经济越来越受制于国外的监管。需要注意的是，金融行业和行政机关不计算在内，有将近 1/7 的法国雇员为外国公司工作，约有 190 万人，这一数字在 10 年中翻了一倍[①]。这一增长通过并购的方式得以实现： 1994 年底 9 000 家法国人控制的企业到了 2003 年底为外国人控制，而同期只有 650 家外国公司变为由法国人控制。 21 世纪的前 10 年，无论是在德国还是在英国或荷兰，这些以“更加开放”而闻名的国家，在非金融行业中，只有 1/10 的雇员为外国公司工作，而在美国，这一比例仅为 1/20。在法国，外国公司提供的就业岗位中，有 1/4 来自美国公司。法国国家统计及经济研究所（INSEE）总结说，法国经济比其邻国更为开放，然而邻国才是全球化更为虔诚的传教士。很显然法国得益于外国投资，但它同样承受着全球化带来的烦恼：外国的母公司拿走利润，而不在法国分公司进行再投资、技术转让（针对有些创新型中小企业，有时是技术剽窃）、大规模重组、外国政府控制等。这种状况同样是法国人之间的矛盾带来的结果，即法国大公司和中小企业之间的矛盾，大公司有优质的公关人，且受到政府支持，它们反对各种形式的保护主义（尤其是为了防止失去外国市场），而中小企业显然是就业岗位的重要提供方，却受到政治代表性不足、税收

① 来源：法国国家统计及经济研究所研究报告， 2006 年 3 月 1 日。

负担过重及文牍官僚主义的拖累，中小企业应该至少在欧盟范围内获得最低限度的保护主义支持。法国成为企业总部的必要性通过瓦兹省参议员菲利普·马里尼在2007年6月27日公布的关于经济决策中心布局的报告得到了再次确认。最后，法国是个比其声称的更加“资本主义”和“自由贸易主义”的国家：我们针对全球化不满的言论和我们国家的现实并不相符，这些都是法国经济开放的精华部分。

保护我们的经济

无论对国家干预经济生活的领域有何种担忧，头脑中保持着以下明确的想法是非常关键的，这值得再次提醒，因为看起来大家已经忘记了：国家干预经济因促进领土财富生产以及造福国民的必要性甚至是义务而得以合法化①。世界上的各个国家都在干预经济，我们可以就干预的方式和程度进行争论，但其目的都是一样的。在欧洲尤其是在法国，占主导的普遍主义的困扰同样存在于经济领域，而且在面对世界上其他国家时（而且这又一次不应概括为大企业的利益），为了捍卫法国利益所做的无所顾忌的思考几乎变成了一种亵渎。无论什么样的理论家都能在书本上和李嘉图一起证明，商品和服务的普遍自由贸易有利于整个世界，但这并不意味着同一个国家内部财富的增加有利于其所有人民及所有的经济参与者，也不意味着世界上的所有国家从财富增长中能得到相同的好处。总有赢家和输家，总有些地方在创造财富，

① 当然还有其他原因，尤其是考虑到环境、公共利益以及财富公平分配的因素（规章、重新分配、调节）。

而另外一些地方则在摧毁财富，这就是企业外迁所发生的情况。经济总是带有政治性：关税壁垒或是具有类似效果的其他所有规定（技术标准、立法等）不仅以保证贸易条件所需的对等性为目标，而且它们同样以赋予相关政治实体（法国、欧盟）可确定的边界为职责，从而让公民产生这一实体致力于为他们生产财富的感觉。撇开政治，经济则无法继续存在，而政治以限定公共空间为第一要务：从长期来看，鼓动一个民族加入没有经济边界的另一个政治实体是不可能的。为此，欧盟委员会犯了一个基本的政治错误——拒绝引入一定限度的欧盟保护主义，其实，引入的行为可以让欧盟和公民互相接近，并且使欧盟得以成为他们眼中值得尊重的政治构建。欧盟委员会总是拒绝采用这样的方法，这一事实同样说明了法国在欧盟机构内重新树立起原有影响力的必要性。欧盟一体化进程超级自由主义的特征并不是一种目标，而法国应为建设一个对内开放但同时在必要的时候又能够对外自我保护的欧洲而努力。

值得注意的是，我们在此并不是准备为保护主义大唱赞歌，如果保护主义能够保护我们就业或保护我们在法国及欧盟领土上创造财富，那么保护主义就是最明智的决策，此时，我们应恢复其作为欧盟范围内可能的经济政策的价值。我们选择的是保护主义的案例，因为它最具表现力，事实上，保护法国或欧盟经济的问题并不单单归结为关税，在并不是所有参与者都能正大光明地参与公平竞争和对外开放游戏的世界经济的舞台上，关税只是众多保证法国和欧盟企业竞争力的方式中的一种。

如果我们承认国家有义务关心其所辖领土上的财富生产，那么最重要的就是让高级公务员为这一职责做好准备。这一职责超越了普通的行政或税务管理。这也是为什么我们要涉及经济情报这个问题。在国家看来，经济情报是指有助于法国经济组织的保护和最佳发展的所有行动，除此之外别无其他。此外，对国家来说，这不是一种权利，而是一种不可推却的义务，如今在很多欧洲人看来，全球市场上如火如荼的经济战争代表的危险完全和物理上的战争是一样的。这涉及的不仅包括我们的经济发展、在欧洲创造就业岗位和财富，还有我们的科技优势，说到底，真正至关重要的是我们法国和欧洲的独立，即我们的自由。

经济情报

自2003年底阿兰·朱耶担任国防部办公厅首次设立的经济情报高级负责人职位以来，对经济情报的处理取得了真正的进展，尽管和盎格鲁-撒克逊人以及世界经济舞台上大部分咄咄逼人的国家[①]相比，我们会为他有限的手段而感到惋惜。此外，1994年马特尔报告和2003年卡拉永报告指出公共和私营部门的公务员对经济情报这一问题准备不足且对我们的经济造成了令人不安的后果。虽然报告发表后，人们关注到这一问题，但是经济情报在高级公务员的培养课程中仍然很少。卡拉永报告建议的是，“在国家和地方的干部培养学院以及商校和工程师院校中设立必修课程（包括在学位教育和继续教育中）”，尽管在法国经济情报学院、经济战争学院、国防高等研究院（IHEDN），经济情报方面的培训取得了长足发展，但是关于这方面培训的反思竟丝毫没有涉及国家行政学院。

经济情报成为了大量专著研究的对象，我们特别查找了与此

① 在这些国家，经济情报是情报及外交部门行动的核心。

相关的政府网站[1]。如今国家有许多服务机构及合作方来帮助企业提高他们在法国及国外的竞争力，收集和保护战略信息，并进行必要的监管。为此，必须要强调，如果仅仅把经济情报归为信息问题，那就会犯错误，能够提高法国经济竞争力的所有行动都可以纳入经济情报这个范畴，比如，竞争力极点、欧盟的商业政策、对参股的立法、法国本土警戒局（DST）和法国对外安全总局（DGSE）的行为、省政府和地方政府的行为、实施培训和强化敏感度、游说、对经济组织的监督等。但这些远远不够。后来推出的报告不断强调无论是在公共部门还是私营部门，法国在面对我们的竞争对手时，缺少经济情报和经济安全方面的政策。

阿兰·朱耶认为，掌握经济情报文化的所有经济和政策要素“是至关重要的，意味着我们在公共部门及私营部门思维方式和实践的革命”[2]。只有当国家发出“经济情报对于民族利益而言是极其重要”的明确信号，这种革命才可能发生，而且这样的信号只能通过国家行政学院以及所有与经济情报培训直接相关的单位对高级公务员培训的引领性作用而产生。

国家行政学院进行的是什么样的经济培训？

国家行政学院如今在经济情报以及一般的经济领域进行的是什么样的培训呢？学生接受的是宏观经济的公共主干课程，并以笔试考核记录成绩。有时会组织与经济情报相关的研讨会，这些就是全部了，但远远不够。最后，还有私营部门的会计课程，不

① www. intelligence-economique. gouv. fr

② 阿兰·朱耶，《经济情报》，收录于《国家行政学院：高墙之外》，第 365 期， 2006 年 10 月，第 30—33 页。

需要进行考试，其有用性也有待考证，这方面的内容只有以后从事会计职业才有用，所以往往会被学生遗忘。

首先，国家行政学院进行的宏观经济课程只是毫无用处的重复。在当前的学制下，经济学已经成为了入学考试的内容，因而，学生已经被认为掌握了这一方面的主要内容，而且课程完全不实用，只有未来进入财政部国库司的几个学生才真正需要深入地了解宏观经济理论。当然，大部分未来的高级公务员将来也可能涉及经济问题，不过是从一个完全不同的角度切入，比如对于国防部而言的国防工业问题，对于省政府而言的地方经济发展、大使馆中的经济工作、最高行政法院和其他行政法院的税收等问题。此外，如今很多具备经济学素养的高级公务员在工作中也会采用纯粹宏观经济的分析手段，比如，我们之所以认为有些人在经济工作上采取的行为不合适，是因为这些工作总是过于着重区域性市场的分析（行业研究），这通常会与法国企业试图占领市场份额的具体考量存在相当差距。

当前，大部分未来的高级公务员所需要的不是宏观经济课程的再次重复，这些内容在进入国家行政学院之前他们就已经掌握了，而是关于法国经济结构、企业具体运行及面临的困难、企业与行政机关的关系、国家用来扶植企业的手段、企业承担的税收、企业应该提交的行政文件等内容的学习和培训。总之，他们需要的是关于企业日常生活的课程。

可以说， 2006 年的学制改革重新引入了 2 个月的企业实习，是一个虚假的美好想法，原因有三：首先，很多走读的实习生以及一部分寄宿的实习生在进国家行政学院之前已经在企业实习过了，再增加 2 个月也不能学到新的东西；其次，到一家大型企业的领导班子中实习 2 个月（很多实习生很可能就是这样的情况），可能无法让他们了解到法国中小企业运营的实际情况，实际上，从组织机构及文化上，大型企业领导班子的运行方式与高级行政机关没有多大差异；第三个原因是之前已经有成熟模式，即在省政府实习期间花 3 个星期去企业实习仍然是最佳的解决办法。实习生会深入地方机构，关注个人发展，甚至会参与到生产的核心工序中，而且他们还可以从实习中观察到与行政机关相关的各种关系。另外，这样的实习还有助于维护国家和地方经济组织之间的关系。

除此之外，再次引入 2 个月的企业实习属于国家的一种虚假的现代主义观念，目的就是树立高级公职“正派人士”的形象：国家行政学院让学生尝试一切的想法与 20 世纪 70 年代流行的通识课程相类似。当今复杂的世界不再允许职业行为中的一知半解，学生应该掌握精华、抓住重点，也就是说他们应该首先致力于获取人们期待国家高级公务员所应有的能力和品质。去企业实习仍然是有用的，这毋庸置疑，但考虑到学制中时间有限、学生在进入国家行政学院之前已经有了相关经历，以及去地方性企业中进行更接地气的实习的可能性，引入 2 个月的专门实习更像是一种政治广告措施，而不是培训中真正的增值部分。需要加以鼓励的是学生在进入国家行政学院之前拥有多样化的人生经历以及促进公共与私营部门之间的相互交流。但国家行政学院的神圣使命不在于培养企业管理干部，将这样 2 个月的实习用来进行企业真正需要的经济管理能力工具的培训更加有效，这同时也是国家和高级公务员的工作范畴。他们不应为专门的公共事务专题培训和最初对经济世界的无知而感到羞愧。与天真地认为在国家行政学院上学期间进行旅游式的实习就能够了解一切，就能在之后免除真正的培训相比，在职业需要的时候接受企业界的培训（比如通过继续教育）更为可取。大部分从商校毕业的企业主没有在行政机关实习过，但没有人想着去指责他们对行政机关可能一无所知。假如他们能有机会在行政机关实习，他们中一些人可能对行政的看法就没那么负面了，而且他们还能更好地理解行政日常工作的意义在于捍卫公共利益。可惜他们没这种实习机会，真是令人遗憾。

如何培养国家行政学院的学生，从而让他们去了解今后职业生涯必须掌握的经济挑战呢?

第一，在省政府 4 个月或 6 个月实习期间，要再次引入去地方企业进行为期 3 周的实习。

第二，应该向学生推荐甚至花上 2 天来研究经济情报问题。可以在国防高等研究院组织的关于国防问题的研讨会期间进行此类教育，我们会在下一章再次提及。

第三，如今在国家行政学院教授的宏观经济课程应该被替换为新的经济课程，一方面教授关于法国经济组织及其在国内和国际上具有重要意义的知识，另一方面讲授行政部门与企业的关系以及经济情报的知识。最后一方面的内容应该专门用于分析实际而又具体的案例，包括经济间谍活动、国外具有进攻性的参股、欧盟层面成功或失败的游说、国外市场渗透战略分析等。上文引用的弗洛朗斯·奥特雷的作品成为了了解在欧盟层面进行经济游说的绝佳基础材料。

第四，在他们毕业选择的时候，需要对学生们进行与今后从事职业要求相匹配的培训：为法国财政部的高级公务员开设宏观经济课程；为省政府公务员进行地方经济发展才能方面的培训；为外交官开设市场占领策略的课程；为与法律相关的公务员开设经济法和税法课程等。

最后，在国家行政学院培训期间还应引起学员对秘密部门工作的关注，尤其是通过我们之前提到的国防高等研究院研讨会，但考虑到如今法国和其他欧盟国家面临的威胁以及最近10年发生巨大变化的工作性质，学生还应参观法国本土警戒局和法国对外安全总局。这样做就能够消除两个世界之间的隔阂，这样的两个世界在像大使馆这样的关键地方每天互相接触，但又互不理睬[①]。与此同时，盎格鲁-撒克逊人的情报机构拥有着完善的网站、高标准的公开招募程序以及各个职业之间众多互相连通的渠道（更不用说公共部门和私营部门之间一直存在的互相渗透）。所有的专家都指出，一方面，其他行政部门不了解秘密机构，另一方面对被“机构”瞄准的秘密又极其担忧，这就形成了一种互不信任。当我们谈到加强对秘密部门的监管时，重点是应该将他们的工作更好地融入到公共行为中去。此外，经常有国家行政学院的毕业生加入法国对外安全总局，这同样说明在培训的时候将可分享的经验传授给学生的必要性。

总之，在关系国家未来的高级公务员培训中引入“经济情报和秘密服务”，不仅属于技术方面的措施，同时也是让未来的高级公务员提前准备应对明天的挑战，不仅要有管理方面的挑战，更要有矛盾冲突和行动方面的挑战。这事实上必将引发文化上的革命，也就是必将放弃普遍主义的立场，这样的立场是看客、伦理学家以及软弱无能者的奢侈品。法国不再是个大国，因此，应该用全新的目光来审视这个世界，首先应该从国家最高层级的公务员开始做起。

---

① 特里斯坦·德·阿尔比斯，《大使馆与情报：不可能的协调任务》，收录于《国家行政学院：高墙之外》， 2006年10月，第365期。

第三章
精英、军队、国家

“……因为一场战争的历史是从和平年代开始的。”

——戴高乐，《剑锋》

未来的国家高级公务员将要承担重大的责任，他们对军事体系的认知缺失是否会影响到他们治国理政？正确执行法国国内和国际政策的前提条件是否容许他们对军事不甚了了？这样的认知缺失对未来军队和国民之间的关系是否有影响？

自从取消义务兵役制以来，大部分精英培训课程取消了全部军事内容①，我们曾经在 2006 年 12 月的《国防与集体安全》杂志上发文②建议在法国国家行政学院的课程中恢复短期军事培训。我们特别指出有多种理由表明军事培训历练将是必须的也是有益的：确保行政权力机构和军事权力机构之间

① 除了军事院校，只有理工学院经过革新开展学生军事培训。

② 《高级公务员与军队》，收录于《国防与集体安全》杂志， 2006 年 12 月刊。

充分的相互理解和信任；使得未来国家公务员的人文培训能够适应地缘政治演变；加强模范的军民关系建设。恢复短期军事培训的想法看起来简单容易，实施起来挺困难。事实上，过去选择了不保留国家行政学院学员的军事培训，并非出于疏忽，而是首先出于保持我们的集体身份曾经的某些荣耀的完整性的顾虑，以及国民、精英和军队为了保留各自的地位和领域的考虑。这样的顾虑是否合理？是不是对当下和未来的挑战的恰当回应？总之它让我们更深入地思考恢复国家行政学院学员军事培训所能带来的益处，并且我们相信，这将是一个开端，开启了我们精英模式的真正改革，这也是一个可感知的信号，表明了国家在风云变幻的世界中牢牢掌握自身命运的意愿。

义务兵役制的终结

为了弥补义务兵役制终结所带来的改变，在高级公务员培养中重新体现义务兵役制的贡献并非没有意义，他们既是法国公民又是未来的领袖。首先对性格培养有重要意义，特别是在达到服兵役年龄的阶段，即真正通向成熟年纪的重要时期，军事培训让高级公务员、公民以及全体法国人民能够认识并理解一种用价值观和纪律打造的体系，这不仅能够使他们对军旅生活有所准备，对普通的人生尤其是职业生涯也能有所准备。它体现了几代人之间的一种关联，共同的历练让未来的省长、外交官、企业高管能够了解军事，即使将来并不热衷军事，也能够轻易识别是上尉还是上校。兵役提供了作为部队一员的军队生活的具体经历，这些知识无法简单地通过其他途径如讲授国防知识而获得。此外，它也体现了所有公民与国家命运、国家日常生活之间的关联，例如能够让公民理解军事礼节和纪念活动。这里并不是将义务兵役制[①]理想化，也并不是惋惜它的终结。义务兵役制历来被普通民众视为苦差事，并不是所有的法国人都对义务兵役制有美好的回忆。但必须认识到义务兵役制的终结对于法国人、对于高级公务员来说，是一种传统的中断，而传统承载着很大一部分法国的历史，它本来应该出现在由皮埃尔·诺拉主编的《记忆所系之处》一书中。

义务兵役制所代表的远不止简单的国家防卫组织模式。它首先是法国"全民皆兵"思想的全盘的直接传承。义务兵役制不仅是一种工具，也是和谐国家的象征，通过强制个人接受为集体服务的思想，它等于颁发了合格公民证书。然而取消义务兵役制也是在法国历史上的一个特殊时刻，当时在国民和谐、爱国情怀和防卫精神方面都出现了不断分化的势头，承担了凝聚国民作用，特别是凝聚外来移民作用的义务兵役制日益被忽视，不幸的是人们没有对我国未来团结模式发出深层次追问，人们只是默默以对。在这样的背景下，取消包括法国国立行政学院学员在内的所有精英的军事培训也就不足为奇了。义务兵役制的取消维护了国家团结的表象，这么说是出于两个理由：一方面，人们觉得取消义务兵役制从国防角度看肯定无害，因为国家未来的高级公务员也不参加兵役了；另一方面全体取消义务兵役制体现全体法国人在实践公民义务方面的平等。如果曾经为某一部分人保留了某种形式的义务兵役制，特别是精英阶层，那么就会有人说国家有可能还是没有能力保持防卫状况不受取消义务兵役制的干扰，因为还是采取了谨慎态度在某些经过挑选的领域保留了国家和它的军队之间的一根保险丝。如果要证明取消义务兵役制对国家和谐完

① 如果服役并不仅仅只限于服兵役，兵役仍是其中最核心和最具象征意义的。

全没有影响，那么就必须对所有人都统一地取消义务兵役制。

国外实例对法国的启示

如果认为军队职业化就可以免去维护军队与国民之间的关联性，那就错了。无论是社会精英还是全体法国民众，军队与国民之间的关联性始终与他们相关。长期实行职业军人制的国家，例如英国和美国（分别于 1962 年和 1973 年开始），常常在法国被用来说明实行职业军人制对军队与国民之间的关联性没什么影响。那我们是否真的做过比较？英国在取消义务兵役制的时候，完全没有引发公众议论，因为与法国相反，军人身份在英国从未被认为是一种公民身份的媒介，取消义务兵役制不影响任何英国军队与国民之间的关联性。军人职业化只不过是还事物以本来面目，因为：一方面，军人职业化根植于这个岛屿国家的以海军和远征军为基础的战略文化；另一方面与个人自由优先的传统有关，只有在国家安全面临严重威胁时，才容许义务兵役制。相反，美国在结束义务兵役制的时候引起了轩然大波，与其说导致左右两派的剑拔弩张（尼克松总统终结了义务兵役制，他来自共和党，而共和党传统上支持义务兵役制），不如说是在意识形态上加剧了自由主义派与社群主义派之间的对立。自由主义派认为任何形式的义务兵役制都从根本上与自由背道而驰，而社群主义派将为国效力视作一种公民精神的再教育，这和法国模式相类似[①]。与一般想法相反，军人职业化在美国是一次遭受了众多反

---

① 让 · 克吕泽尔和弗朗索瓦丝 · 蒂博，《职业军人与公民参军：1997 年 10 月 28 日法的关键点》，法国大学出版社，2004 年 11 月。

对的历史变革。

从这两个例子可以总结出三个对法国有用的教训：

首先，对军队与国民关联性的重视程度不应依据一些从肤浅的比较中得出的抽象而泛泛的标准，而是需要审视我们国家公民与国家之间的关系，我们会发现法国的情况更接近美国而不是英国。如果我们的一些邻国已经终止了义务兵役制，这并不意味着我们可以认为其他国家形式上明显弱化了军队与国民的关联性，因此我们也可以效仿，要知道我们和他们在身份认同与公民性建设上的认知不同。以西班牙为例，其历来民族国家的概念弱，而区域独立意识强。西班牙在公共舆论的要求下结束了义务兵役制，进而产生了一种十分不同的军队与国民之间的维系方式。

第二个教训在于法国对取消义务兵役制毫无争论之声，这是政治一致的结果，但其实更应该让人担忧而不是让人满意。最近，一项为年轻人提供社会服务的创举引发了激烈讨论，这反映出以下深刻疑虑的持续性——共和体制下公民社会的运行能力在没有特定文件的具体规范下是否可以持续？

最后，不要忘记，美国和英国对于军事人员储备各自都有完备的措施①，更不用说有为 12 岁至 18 岁年轻人提供的童子军体系，美国还向所有有意尝试的人有选择地开放一些军事机构。这两个国家的情况表明，唯一令人满意的维护军队与国民关联性的方法就是直接有军旅生涯的亲身体验，国防教育取代不了亲身经历。在一个军队全职业化的国家，也仅有一种方法能够大范围地完成这项任务，即预备役，也就是在自愿的基础上，在正常工作

① 相关主题参见参议院《比较立法研究》，第 143 期，2005 年 1 月。

之外每年有一定的时间来操练军事活动。国防部长米谢勒·阿利奥-玛丽 2006 年 2 月 8 日在参议院特别强调，预备役不仅能满足技术需求："(……) 取消义务兵役制以后，仅有预备役能够维持公民社会与职业军队之间的关联性了。"如果说军队职业化在欧洲已经成为一种趋势（尽管大部分国家形式上还保留了义务兵役制登记），所有已经取消了义务兵役制的国家都已经发起了预备役改革，用来改善预备役人员的地位和提高他们的技能适应性，从而使他们能够顺利再就业。比利时、西班牙和荷兰①的情况就是这样，当然还有法国②。法国在修订 1999 年法的基础上于 2006 年出台了有关预备役的新的法律。向法国国家行政学院的学生提供军事培训将会是一个重要象征，表明国家希望赋予军队与国民关联性一种具体的形式。学生们甚至还会发现预备役部门的岗位向他们开放了，例如作为参谋部专家。这样的举措本质上是引导学生将来继续从事军方工作，也有助于让预备役的招录更加引人注目。 2002 年制定的招募 10 万名志愿预备役人员的目标尚未实现一半，所以不得不推迟至 2015 年。

军旅生涯的亲身体验

必须要承认，事实上对精英也好、对全体法国人也好，"国防日"活动本身不足以维系军队与国民之间的关联性。这当然也并不意味着要重新恢复一种覆盖所有人的最低限度的义务兵役制，否则就违背了军队职业化的目标。而国防思想的培养不能仅

① 这三个国家在 1995 年至 1999 年期间取消了兵役制并陆续对军队进行了改革。
② 1996 年宣布取消义务兵役制，2002 年起开始实施。

仅依靠"国防日"的方式，它需要有深层次的原动力，军事培训只是加强国民的国防意识，而不是劝说其入伍。第二次世界大战期间，法国普通女性的积极参与就是很好的例子。不过这个例子也说明了要想有效地维护军队与国民之间的关联，必须要让双方有机会直接接触，平民与军方要有足够多的、深入的且有针对性的接触。在一个日益多元化的国家，精英们首先要担当起为国效力的榜样义务，也许已经没有人要求所有法国人报效国家了，但毫无疑问许多法国人有意愿自我奉献。正如利奥泰[①]要求军官承担一部分社会责任，今天我们也应该要求我们的精英承担起卓越公民的社会责任，从亲身展示他们与国家之间同命运共忧患的关系开始，彰显军队的作用与地位。

预备役也可以提供其他的军民接触的机会，比如创建"第二次机会在军队"中心[②]，向在校学习成绩差的年轻人提供培训，"国防日"则被用来招募这些年轻人。培训主要由退伍军人负责，包括讲授作为社会人的规则、复习主要学校课程、职业培训以及体育锻炼[③]。对法国国家行政学院的学生们开设军事培训，从军队与国民的关联角度来说，也是呼应"第二次机会在军队"中心开设的军事培训，只不过中心的对象是学业失败的年轻人，给他们提供向国旗敬礼的机会，也算是对他们的救助。相反，如果一个从法国国家行政学院毕业的人却从不曾唱过一次国歌……要是那样的话，连足球运动员也不要唱国歌了！

我们在此要强调一点：军事培训有助于获得对职业生涯（和

---

① 利奥泰（1854—1934），法国政治家、军事家、元帅。——译者

② 第一个中心已经于 2005 年 9 月 30 日在蒙特里（Montry，位于法国塞纳-马恩省）开放。这些中心将培训超过 2 万名年轻人。

③ 具体来说，在军队中与此相关的纪律措施更加严格了，尽管各个中心的执行情况不尽相同，但都有列队行进、遵守规则、服从上级等。

日常生活）有益的素质，例如练习发号施令、动手能力、集体主义、创新精神等，但这些只是收获之一，并非首要目的。在国家行政学院开设军事培训课程不同于巴黎高等商学院开设“领导艺术与团队精神”培训。2006年9月，巴黎高等商学院首次开设了为期一周的“领导艺术与团队精神”选修课，该课程源自法国圣西尔军事学院，目的在于让学生能够控制压力并发挥团队精神。该培训在巴黎高等商学院的学生中取得了积极成效，希望能对包括国家行政学院在内的一些高等学校（例如，国立法官学校）起到鲶鱼效应。很重要的一点是国家行政学院的学生们是未来的公共管理人员，军事培训不能沦为一般的“团队建设”演练。同时也需要注意不能让军事培训变成纯粹的学术活动，有些巴黎政治学院的学生认为圣西尔的军事课程就是纸上谈兵，不过是让学生更多些与军队加强联系的机会。换句话说，此类培训的目的不能带有任何功利心，当务之急在于与真正的政治宏图相呼应，在于加强军队与国民之间的关联，包括加强未来的行政领导与未来的军事领导之间的关联。因此军事培训应该与预备役军官的培训相一致，直接借鉴圣西尔军校，或者像巴黎综合理工学院的学生那样在大学预备学院的阶段就进行军事培训。建议对商学院的学生们同样开设军事培训课程，让这些未来的企业家们理解并支持那些加入了预备役的雇员去参加相关活动。

高级公务员与士兵

有人肯定会认为，在一个现代民主国家，一支高度职业化的军队无非就是听命于政治高层的工具。因此没什么理由一定要用特别的方式加强高级公务员与军队领导之间的关联，高级公务员与军人之间的联系已经足够多，关系也足够密切，可以保证互相理解，所以，在高级公务员的课程设置中增加特定主题的培训没有什么意义。

这种观点首先是草率地认为政治哲学中的基本原则——政治职能与军事职能分离——已经过时了，而事实上分离并不意味着政治可以在不懂军事的情况下自行其道。正是为了践行这条原则，关于成立法国国家行政学院的政令 1945 年颁布，其中第 8 条明确要求必须首先完成了兵役才有入学资格。具体来说，学生们将来哪怕是以合作者的身份行使政治职能，也必须接受义务兵役制给予的为期 4 周的军事教导（对国立法官学校的学生也有同样要求），这正符合我们的主张。当然，如果我们仅从个体之间联系的层面考察国家内部军民关系，那就没有必要去关注由于取消义务兵役制所带来的国家机构中军职与文职官员之间关系的明显变化。未来当一代人从国家行政学院或其他的大学院校毕业，取得了位重权高的岗位，却没有任何军队经历，到那时，军民关系会怎么样将难以预料。几乎不接触的文职的与军职的两大权力系统难道是要等到在大环境的迫使下不得不一致行动的那一刻才相互理解吗？应该通过一些共同经历推动高级公务员和军人之间更好地相互理解，使彼此都受益，并去除双方相互的成见。这里问题的关键在于国家政治文化与精英的培训，而不仅仅在于为几个连接军民关系的岗位输送人才，尽管这些岗位的重要性也不容低估。缺少提高敏感度的专门机制，会造成我们未来的外交官、省长、国防部高级公务员、对外行动政策顾问、部长办公室成员，可能还有部长、议员甚至企业主们未来将没有真正的军事经验。每逢国防征兵日，这些精英们侃侃而谈，让大家毫不怀疑他们比其他人更懂得发掘军事经验中最丰富的精髓。而其实，他们只有一些提供给普通法国民众的军事知识而已。

反对未来的高级文职官员开展军事培训的另外一种理由认为，精英领导们已经有针对国防问题的一套培训和敏感度调度机制了，那就是法国国防高等研究院的设立。国防高等研究院的一项基本任务就是通过开展国家专题课、区域专题课和年轻人专题课，让各行各业的领导们，无论是否军人，都有机会拓展经验，深入研究国防问题。国防高等研究院通过这样的方式加强军队与国民之间的关联，出色地完成了本职任务。但是仅靠国防高等研究院一家机构培养的人员数量难以填补结束义务兵役制带来的空白，这有两个理由：首先它面向的人员数量非常有限，具有竞争性入学的特点且招收的学员一般已经有了一定的职级；此外，它的教学内容集中于国防问题，当然也包括军事问题，但在战略研究领域和地缘政治研究领域有一定局限。战争或军旅生涯的实际情况仅涉及十分抽象的基本领域。国防高等研究院与其他针对国防问题的培训机构一样，首先提供的是军事知识，而不是直接的、具有不可替代性的经历， 如能提供的话，这些经历就能够让学员沉浸在现实的军队环境中，学会正确评估战争舞台上人们的心理状况以及地缘政治局面与本土现实之间的差距。所以，完全可以为国家行政学院的学生们提供为期 1—2 周的培训课，作为军队经历的补充，由国防高等研究院组织并安排合格的人员来讲授以下主题的内容：法国国防政策的历史与现状、队伍组织、反恐斗争、关注关键性技术问题、国际犯罪、北约与欧洲防务、军事历史和现实冲突。实地观摩对外军事行动完全应该在国家行政学院的学生培训中占据一席之地。这样的军事培训中有两个主题需要特别关注：秘密情报部门与经济情报部门的作用。

现实中，对高级文职负责人开展军事培训的问题超越了对军事问题的文化敏感度培训问题，原因在于战争行动的政治遗留。所有的研究人员，所有的外交家，他们没穿过一天军装，如今负责从军事事件中获取完全可靠的技术性知识，有时甚至超越了军人们掌握的知识，乃至给人一种懂得战争的错觉，这种局面存在双重风险：第一，政治决策层调兵遣将时低估了军人们在战场上会遇到的困难，只制定高度的政治约束。然而，正如樊尚·德波特将军强调的，“如果那些看起来有用的强制的政治约束只能让全部的军事战略变得效率低下，那么使用军事武器来达到政治目的就变得不理智了”[①]；第二个风险则存在于“希望军事手段沦为政治工具，并让其严格履行被赋予职责的政治意愿”[②]中，结果就是一心企图干预指挥军事行动，而今通讯技术发达，使得干预也更容易操作了。对于防范这些风险，军事培训能够起到什么样的作用呢?诚然，1个月的军官培训还不足以了解战争的真相，但仍不失为一次对军事行动的潜能、制约和人道现实的了解。最理想的情况将是随后去行动小队体验一下作为培训的补充，这是我们的设想。但是最重要的，也是我们的建议最根本的一点：军事培训将唤醒战略思考。因为未来国家文化的最大威胁在于干部们对一些问题的冷漠：军民关系、政治与士兵的关系、指挥官在战争中的自由度，以及在联合国国际政治行动中武力的地位。如今只有一些军人、外交官和研究人员从事战略思考，但在高级公务员的世界里战略思考完全消失了[③]，当然也有几个例

---

① 樊尚·德波特，《指挥官的自由：对效率的各种制约》，收录于《国防历史研究中心期刊》，2006年第26期。

② 同上。

③ 大部分由文职人员组成，目前的领导也是文职人员。

外，例如国防部战略事务代表团的成员，他们的工作直接接触军人的世界，不应该忘记的还有一个同样重要的公众群体——未来的民选官员们（其中许多人也将先成为公务员），他们也同样面临风险：直到走上国家顶层的时刻才发现法国有军队，并且大概还有必要、有义务调遣军队。如果从来没有花费时间思考运用武力能解决什么样的问题，那么一个高级公务员甚或一个政治家该如何掂量法国所承担的国际责任，又该如何正确评估保护自身生存利益该用什么方式？因此，开设军事培训将是充满政治现实意义的明智选择，从象征意义上来说文职权力不足以靠一己之力维持，不能只满足于管理预算、人员，落实法律条文，以及比照着欧洲的发展进程来引导国家的政策。未来的高级文职负责人缺少军事培训其实是助长了对现代欧洲民主来说代价不菲的一贯想象：将武力和合法暴力流放到阴暗的过去的迷雾之中。说到底，这种思想就是武力不再是维护国家所必须的了，因为国家仅在法律意义上存在，而不是一种领土、文化和政治的存在。这个神话代价高昂，需要让人们保持这样一种想法，世界上的纷乱就是在电视上看看，永远都是别人才会遇到。今天人们在公共精神中赋予军队的地位大概就是：军队就是许多政治领袖和媒体眼中和平正义的警察，负责应对遥远的人道主义危机。更常见的是，由于在高级公务员的培训中缺少设身处地地思考军队和国防问题这一环节，导致一大部分法国和欧洲的精英很难理解国际关系中的对立冲突，他们倾向于否认人性固有的差异化结构是冲突的根源。“把别人看成都是一样的”，按照皮埃尔·马南[①]的说法，我们认可的美德只存在于“具有广泛性或普世性的事物”中。散文家艾

---

① 皮埃尔·马南，《各民族的理性》，伽利玛出版社， 2006 年。

蒂安·巴里利耶[1]指出：我们几乎难以想象“别人”并不总是那些需要让人理解和接受的人，他们可能是敌人，就是要打击我们。武力依然在很大范围内解决着国际关系问题，特别是在未来几年，经典的外交手段将无法对非国家组织和全军事化的国家发挥作用。因此，向国家行政学院的学生提供军队体验，不仅是为明天的世界做好准备，也是承认战争将永远是国家民族生存的组成部分，武力是主权和政治力量的组成部分，我们要学会去理解武力与政治从来都是一体的。军人不仅是服务于政治的工具，还是国家安全和独立的至高保障。与一般理解的“军队与国民之间关系”概念相反，并不是军队需要摆脱与世隔绝的状态，而是我们需要唤醒平民们面对世界的真相。

针对法国国家行政学院学生的军事培训

我们因此建议法国国家行政学院的学生们在第二学年的 6 月份参加一次预备役军官的初任培训，整编成圣西尔军事学院的第四营。培训为期 1 个月，学生们结业时，可以被任命为预备役部队少尉。在接下来的 1 个月，他们可以被派遣到三军或警察总队的一个军事单位，包括对外行动部队（当然不是作战单位！），以便体会理解军人的日常生活。或者出于个人意愿，第二阶段可以选择去文职机构，例如去“教育优先区[2]”的机构——警署、

① 艾蒂安·巴里利耶，《我们以外的文明：美洲、伊斯兰、欧洲》，佐薇出版社， 2004 年。

② 法国将学生成绩差距明显的学校集中的地方划为“教育优先区”，并在这些区域内以“给予最匮乏者更多，特别是更好的资源”为宗旨，增加教育经费拨款幅度，给区域内工作的教师额外补贴，采取小班教学等方法改进教学质量，以求缩小教育不平等。——译者

中学、医院、协会（红十字会）、社会和健康行动指挥机构等——服务[①]。可能性多得是。无论如何都不应该将军队体验仅仅局限在校园里，为了避免旅游式的经历，校园培训必不可少，但仍需要实地体验——无论是直接参加还是旁观——作为补充。此外，在毕业时选择从事外交工作的学生必须是已经参加了额外的专题培训，熟悉军事文化、武器装备、国防产业以及其他国家的国防组织架构等，这些知识与掌握欧洲问题以及包括英语在内的两门外语一起组成了一名现代外交官的基本素质。

戴高乐将军在《剑锋》（1932 年）中惋惜地表示，法制与武力之间的相互理解很久以来已经被遗忘了，尽管全体法国人还在服义务兵役。黄金时代已然过去，我们并不是要搬出过去那一套为国效力的美德来支持为法国国家行政学院的学生们提供一段时间的军事培训。相反，我们要面向明天，摒弃过去的模式。大家终将明白这个建议的核心意义在于改革我们的精英模式，而本章节只是从三个方面论述了改革的一部分内容。如果当今一个多元化的国家对自身的特性和之所以成为一个国家的理由不再那么明确，那么精英必须挺身而出承担起推动军队与国民之间关系的任务，这样既有益于整个国家，也有益于未来的政治领导，而这必须通过一段直接的军队经历才能实现。国际环境依然充斥着暴力，精英如果不能够通过高水平的战略思维来全面权衡武力行动的地位、规模和目的，就难以行使赋予他的重大责任。最后，是时候让精英走出技术至上且学究气十足的温和的乌托邦了，他们

① 据新闻报道，巴黎政治学院院长里夏尔·德库安宣布有意将学生在第一和第二学年之间送往郊区 1 个月。参见《巴黎政治学院学生将赴郊区劳动 1 个月》，收录于《世界报》，2007 年 7 月 16 日。

在其中沉浸得太久了。在法国，人们很少主动进行系统改革，一般都是由历史大事件来推进。通常都是在错已铸成之时，人们为了建立新的权力系统而去改造精英——这就是 1872 年创建了政治科学自由学院，1945 年创建了国家行政学院的原因。让我们拭目以待，至少这一次我们的精英能够实现自我改变，有了精英，我们的国家才能充满勇气和毅力地采取措施面对即将到来的挑战。

第四章 对高级公务员进行道德教育

“道德，并不仅仅是当个好人，还要有所长。”

——亨利·戴维·梭罗，《瓦尔登湖》

一提到对精英进行道德教育，人们就马上联想到可能会有不被理解或是受到强烈谴责的风险，因为在过去的几十年，道德这个概念已经被妖魔化了。如今，随着各种思潮的演进，尤其是经历了因彻底拒绝道德教育而遭受的巨大打击之后，它正在逐渐地但稳妥地重新占据其在整个教育中应有的地位。谈到道德教育，我们可以列举出与人文教育紧密相关的内容，即性格、道德品质及行为准则教育，而不是共和制或是宗教式的信条传授。家庭是这种信条传授的第一传播者，即便道德教育与信条传授之间有众多共通点，我们还是可以立刻把它们区分开。事实上，在个人品质、职业价值观以及整个社会的价值观之间存在着一种直接而又根深蒂固的延续性。此外，主要是通过个人卓越的人性，一个社会或一个团体的价值才能光芒四射。而且，个人需要成为理想的载体，但这一理想又超越个人，才能发挥出个人的最佳状态。一位高级公务员，如果不能对法国以及国家服务拥有某种理想，那他就无法圆满地完成其使命，个人光有独一无二的抱负，绝对不够。

很多培训，包括在国家行政学院进行的培训，都要么暗示、要么明示地涉及道德方面的内容。无论这些培训针对的是大厨、军人还是高级公务员，在所有精英培训中都贯穿着努力和服务意识的品质，因为这些品质是成功的一个条件。道德教育通过传统的必备品质（团结精神、超越意识、牺牲精神、认识自我、爱国等），更加深入地影响着军事课程。道德教育当时在巴黎综合理工学院所采用的名称是人文教育，其实除了道德教育，别无其他，一位人文教育主任专门负责监管这方面的内容，包括军事学位教育和之后在军事机构（3/4 的学生）或民用机构为期 6 个月的实习。根据学院采用的说法，目的就是“培养适应能力，培养开放思维、团队协作精神、领导能力、沟通能力以及增强对其他领域的了解”，学校的这份教学大纲对什么是道德教育进行了很好的总结。

开国先辈们的抱负

建议对精英们进行道德教育，对于我们现在的情况来说，就是针对国家行政学院的学生，这首先要回到建立国家行政学院的初衷上来，可能是米歇尔 · 德布雷最核心的雄心壮志上来，他当时曾这样表述：

“不应掩饰，培训同样包含道德。玩弄政治或是灌输某种理论不是这所学院的职责。但学院必须把国家意识传授给法国未来的公务员；学院必须让他们明白行政机关的职责，让他们体会职业的伟大并且接受职业的约束。它应该做得更多。通过学院最优秀教授们孜孜不倦的努力，通过回顾历史上伟大的榜样和正直人物，学院应该让学生们体会到关键的几个品质：把生命融入整个工作的人文观，在权衡利弊后做出决定的决策观，毫不畏惧勇往直前的创造力，甚至更多。行政学院的缔造者们希望有很多种精神来激励他们的学生。他们做得对，现如今，在为国家服务的工作内容变得前所未有繁重之前，在教授和理解道德品德标准方面，仍然需要重提 1848 年共和党人的希望。对于这样的回忆，有些人来劲了，他们十分害怕事情坏的一面：等级集团意识可能腐蚀行政机关。这些人的见解是非常肤浅的。

行政学院多样的选拔方式，大部分学生处于比较成熟的年龄，通过众多的实习让学生参与并经历生活中磨练的做法，以上众多的因素都能够避免让行政学院成为一个象牙塔……”①

我们可以说这篇文章很落伍、像说教，但它很过时吗？恰恰相反，浓厚的现代气息扑面而来，我们可以从中发现强大的力量，阅读这样的文字，就会产生想要进国家行政学院的渴望，渴望达到这篇文章所说的人文要求的高度。一想到这篇文章，我们

① 米歇尔·德布雷，《公职改革》，收录于《国家行政学院院刊》，第 1 期，1946 年 5 月，第 5—6 页。

就能立刻意识到：原先对国家行政学院的思考以及对其改革的常规说辞是多么缺乏灵性、多么可悲、多么狭隘，它们将会摧毁心中神圣的使命感，而只有这种使命感才能为国家服务注入灵魂。对国家行政学院的思考应怀着什么样的道德抱负呢？这就是个关键问题，远比所有的培训项目重要。

德布雷这篇文章后来极不受欢迎：道德教育的理念从学院的教学大纲中彻底消失了，如今除了实习部分，教学内容被压缩到仅剩行政技能培训。实习成了米歇尔·德布雷人文教育计划中仅有的保留内容。实习是非常丰富的人文见习期，需要强调的是，和其他类似的培训机构相比，实习是国家行政学院的优势，即便如我们已指出的那样，鉴于国家行政学院的人文教育存在问题，实习也不免存在不足。令人深感遗憾的是，最近一次国家行政学院的改革（2006 年）把为期一年的实习拆分成更短的若干阶段分散在整个学制中，从而剥夺了学生心中初入职场的那份神圣感，而这种神圣感正是国家行政学院通过实习才能独一无二、真真切切赋予学生的。这种改革简直是真正的“反改革”!

反道德运动

此外，必须承认的是，长期以来在国家行政学院内部形成了一种反道德运动。我们详细分析其构成，也可以证明道德教育计划回归的必要性。

行为的道德，尤其是公共行为的道德，首先让位于技术主义，也就是说技术成为主线，所有决策有了模板，例子就是国家行政学院教学的核心——公文综述[①]。这样的决策不再是创新和自愿的行为带来的成果，而是作为行政技术各类数据的自然汇总，并强加给高级公务员这样的公共决策者。当然，只有部长才被认为具有最终决定权，但大部分时间都是高级公务员根据自己掌握的信息提出建议、做出安排并负责具体实施。高级公务员只是执行者和管理者的神话并不符合现实，尽管他需要在行政职业生涯中花上不少时间才能真正进入决策最高层。所有高级公务员事实上都会被要求做决策，即便他选择了什么都不做，什么都不改动，也不提什么新建议。国家行政学院所做的一切仿佛都在禁止未来的高级公务员们发挥其未来的决策能力，给他们围上了一系列的禁止行为和禁忌的樊篱，这已经内化到了后续的学习中。公文综述也同样如此，在国家行政学院教学中，它不是作为具有辅助作用的行政技术或是信息化文本处理工具，而是作为以软件的方式运行的决策工具：文档是综述信息的来源，其中包括针对某个主题的所有技术数据（文章、报告、内部评论等），学生对所给文档进行总结综述，以便做出程式化的回复。表面看来毫无令人反感之处，但是必须清楚地认识到，在任何时候，学生都没有被要求从文档中抽离出去独立思考如何形成决策，要知道决策并不仅仅是对所有上报数据进行综合平衡。何况这些数据的作者水平也是良莠不齐，而且还受行政机关没有写明的各项规则的约束。

最后这一点把我们引向了这种技术决定论教育的第二个因素：主导公文综述撰写的模仿和服从精神。实际上，学生的主要训练在于从文档中揣摩上级的观点，这往往来自于财政部的

① 我们甚至可以说，学生在上学期间实际上只做这项工作。

高级公务员，学生在提出自己的解决方案之前，他的方案已经有了上级的倾向。此外，有些希望向学生传达学院潜规则的讲师已经明确推荐了这一方法：循规蹈矩成为了没有写下来的十诫之一。这样的行事方式，最终与高等教育中碰到的那些方式无异（在法国，背离教授的意见是种风险很大的行为），将对未来的高级公务员的思维方式产生长期潜移默化的影响，并将导致在行政机关中扼杀那些富有创造力和创新性的想法。总之，一份出色的公文综述是能够找到确切的词汇来表达其上司观点精华的文件。我们清楚地意识到，在道德教育方面公文无论如何无法展现米歇尔·德布雷珍视的人文情怀、决策力及想象力。

第三个因素——社团主义教育与前面两个联系紧密，使得我们的分析更加完整。公文综述已经有利于社团主义的发展，因为它总是让学生置身于公文发出部委的角度，因而采用代理行为，而不是从国家最高利益的角度出发考虑问题。环保部或财政部会怎么想这个问题？我的解决方案是不是巩固了它的政治立场？我的主任的职业生涯取决于上述部委，他会怎么看这个方案？如此多的问题学生在起草方案前都会加以考虑。我们可不能太天真：所有的国内或国际的行政机关都有这种瞻前顾后的毛病，无法避免，但我们也不必被迫将此作为教学内容。非常不幸的是，这是国家行政学院提供的“公共管理”课程的核心，这样的内容令人觉得，这门课程简直是由工会代表来讲授的，而且在让人大开眼界的“公职中的罢工”中达到了极致。在“公职中的罢工”这一有关行政文化的教诲中，一位省长因重新整顿了省政府中的部分机构而受到上级的粗暴批评，这些机构已经因省政府的另一位公务员徇私舞弊等行为而陷入混乱，以至于

“塞达·桑戈尔[①]”这一届的毕业生（2002—2004）在他们集体撰写的报告[②]中提到了这个案例，这份报告还揭露了陈旧的教学内容。

对于公文综述，我们目前只能够说，它的使命就是只作为行政技能和方法论进行传授，因此，应该被限定为一小部分内容。

在道德教育方面，从教学计划中衍生出来的另外两个部分也值得一提。第一个是学校内部审核的重要性，和其他地方一样，这里也是知识恐怖主义肆虐的场所。其中一部分观点，通常是右派的观点，在国家行政学院明确没有立足之处，通常会被列入禁书目录，因而，撰写实习报告及其他论文需要特别注意，要防止一不留神就会让人产生异端邪说的遐想。于是，为了毕业排名，考试仿佛火刑祭礼。我们可以直白地说，这才真正具有法国特色，而且这涉及很多专业学院和大学。这些学校进行的教育是教条化的，反映出法国对意识形态和制度的迷恋。道德教育是当今全球教育竞争的重要组成部分：如果说美国走在前列，这是因为他们的教育文化对个性和观点的表达更为开明，而不一定要屈从于出色和严谨的分析。

从教学计划中衍生出来的第二个部分是环境犬儒主义的力量，这不是国家行政学院所特有的，也不是法国所特有的，各种雄心壮志之间的碰撞、时代的风气以及我们当前的精神空虚都助长了这种理想的缺失。但“法国有着自我拯救的悠久历史”（戴

---

① 塞内加尔总统名，以名人命名每一届毕业生是法国精英学校的传统。——译者

② 《国家行政学院亟须改革》：这份由 132 名学生署名的文件指责国家行政学院“对教学打了折扣，只是国家各个部门组织选秀的借口”。学生甚至投票通过了对学员管理层的不信任案，这引起了时任公职部长雷诺·迪特雷伊的重视，并出面对他们进行纪律提醒。此外，它指出“国家行政学院公共培训服务部门存在诸多问题”。

高乐，《战争回忆录》），因此，不会屈从于这种环境的恶化，已经经历了环境消沉的法国和欧洲应该在提升它们精英的道德方面做出不懈努力。

我们再次回到米歇尔·德布雷的这篇文章上来，这篇文章当时的背景是他在战争开始前就预感到了精英们的失败。在他的言论中，让人印象深刻的是，德布雷无奈地对可能遭到的批评进行自辩，这些批评指向一件事：他所捍卫的道德精英主义会产生特权思想。然而，国家行政学院的历史显示，道德教育的“消失”而非“发展”催生了特权思想。当然，这种特权思想被外界夸大了，实际上远少于其他职业。

为什么建议对精英进行道德教育在当下显得如此重要呢？原因可以从很多方面谈起。我们经历了与30年代类似的精英失败的阶段，这表现为人民心目中显著而持久的不信任，《欧盟宪法条约》的全民公决运动是对此的集中反映[①]：在欧洲、企业外迁、移民这些众多主题中表现出来的互不理解是非常明显的。1945年，抵抗运动公务员组织的各阶层人士支持实施道德教育，甚至坚持应从个性品质方面着手选拔精英。这一事实具有重大意义：他们认为只有德才兼备才配得上精英这个名号，德不配位，事业必然落败；他们能审时度势，知道平庸之恶终会让位于卑鄙无耻、放弃、卑躬屈膝、顺从大流以及最终通敌合作。

如果不对精英体制进行改革，法国进行的重大改革就不可能实现，不仅是因为精英们应具备适应当代重大挑战的能力，这我们之前已经提到过，还因为这样的改革对法国人有象征意义。涉

① 参见这一主题，马克·克拉佩，《精英与欧盟法》，收录于《评论》，第112期，2005—2006年冬季刊。

及国家行政学院或巴黎政治学院，总是能引起极大关注，明确包含了实施道德教育的改革必然会引起真正的关注，在努力寻求为年轻人再次树立稳定标杆的法国，这很快会成为榜样性的价值观。因而，对精英进行道德教育有着前所未有的现实意义。

对我们的精英进行什么样的道德教育呢？

我们想要对这些未来的公共决策者进行什么样的道德教育呢？哪些内容将有助于这种教育呢？

首先，要排除不属于学校道德教育的内容。在道德教育四个可能的组成部分中，我们认为其中三个不属于应该在国家行政学院推行的道德教育。

道德教育的第一个方面是由家庭文化决定的，尤其是由道德和品行的一般状态所决定，在成年后进行的任何教育都无法取代这点，只能是作为补充。这并不是说国家在这方面便无所作为，国家可以借助于教育体系，从整体的角度进行，而且从最小的年龄开始。但应该明白的是，我们不想进行道德说教，一位高级公务员的行动也应该如政治领导人一样的标准，要避免所有的道德问题。米歇尔·德布雷和 1848 年共和党人所“理解和教授的道德品行观”属于自古以来的理想，但这种理想从未在现实生活中实现过。道德应当实现某种功能，比如道德原则服务于才干。才干本身依赖于其背后道德原则的正当性。由于正当性的存在，才干才会令人接受、受人钦佩。然而，结合前述思考，我们知道，道德实现某种功能不意味着道德是纯功利性的。也不意味着说教不重要：用一些类似共和党人学校的旧式品德课的教学方法，清清楚楚地重申勇气、忠诚、承诺、服务、超越、努力、意志的价值和意义，这是为每个人树立今后的道德行为原则，是对满足于个人社会职业抱负的超越。我们已经听见犬儒主义者的嘲笑，他们会把我们当成不切实际的人，这并不重要。只有那些伟大的情感才能让一个国家的耀眼光辉超越其国境线，而我们要意识到，这些情感并不可以像公共法或经济学那样被教授。

第二个不该列入学校道德教育的方面产生于环境对立冲突。生命的考验，无论是个人生命还是国家命运，构成了本质上不属于任何理论教育的道德教育。无论什么样的教育观都不可能预见在面对极端情况时我们会做出何种反应，或是预见这些考验将以何种方式影响我们的认识和行动。

道德教育的第三个方面——自我教育，也不应属于学校教育范畴，即戴高乐所说的性格塑造，也就是约束自身意愿的那种能力。在他看来，正是这种能力造就了领袖（《剑锋》）。他很确信，所接受的教育，尤其是童年时代的教育，能够在这个方面帮助我们，但我们首先应该处理好和自我的关系。

那么，我们想要的道德教育还剩下什么呢？只剩下第四个方面了，它朴实无华，但对成为真正的精英而言却必不可少。正如米歇尔·德布雷的那篇文章所提及的，那些人害怕的是道德教育只会突出傲慢而又内向的精英主义，但我们至少得出一个结论：我们已经看到，道德教育的缺失并没有带来更好的结果，那么，这就值得去尝试一下。对国家行政学院学生进行的道德教育应该着力于培养有利于尽可能最好地从事国家公职所需要的品质，而且我们有权利在他们身上看到这些品质——国家意识、人文观、决策观、创造力（米歇尔·德布雷所说的“关键的几个品质”）——被发挥到极致，但后面三个在当前的学制中几乎没有。在这份雄心勃勃的列表上，还需要加上几条原则：履行公职的模范性；高级公务员的责任感，即经常要自问行动的合理性及其对国家和未来产生的影响；要敢于建议教授最难的内容——意志力和勇气，这是一位领导人，一位高级公务员，总之是我们的学员即将成为的领导者必须拥有的两个品质，否则他们就会丧失职务的所有合法性。实际上，我们可以列出所有的道德品质，我们在此只是提出道德教育的几个内容的建议，以便促进内心品质的提升，包括我们已经列出和后面即将出现的所有品质。

所有这些品质都应该有利于塑造决策伦理，反对各种技术主义、宿命论或不负责任。虽然已经存在着关于决策伦理的大量著作，这些作品试图树立在伦理和才能之间进行调和的原则，但在面对具体情况时，实际上并不存在适用的理论方法。道德教育要求通过行动和思考，在未来的决策者们生命中仍然可塑造的时期直接影响他们，这种教育的目的在于为落在所有决策者身上的责任和孤独做好准备，尤其是在他们刚刚走上决策道路的时候，这些从根本上来说都是道德层面的。

因此，应该从两个方面进行道德教育：实践教育方面，包括实习、军事培训和体育锻炼；理论教育方面，包括行政历史教育、关于政治家的论文撰写以及沟通培训。

实践教育有它的好处，这一点已经为人所了解，在全世界所有名副其实的精英培训中都有这部分内容。

从入学开始就进行的为期一年的实习将按照原来的方式进行，唯一的要求就是希望能够保留其鲜明和有益的特征，同时增加新的元素。在省政府实习期间，实习生将获得省长办公厅副主任的头衔，而且他将专门从事与省长办公厅相关的工作。这些工作，尤其是通过参与公共治安的管理，能够让实习生最大限度地接触工作实际。实际上，国家行政学院学生完成其在省政府实习的方式千差万别：有些学生被派去处理那些协调和文档编辑工作（比如国家在地方的战略行动规划、《财政法》、《组织法》的相关内容等），隶属于秘书长或是地区事务秘书长；而有些人花了大量时间去接触警察和宪兵部门，往往代理了省政府办公厅主任在这方面的工作。文档工作从学术的角度来看，肯定很有意思，但这对性格塑造毫无帮助，即使没有国家行政学院的实习，也不会有什么损失。学生从学校毕业后走上工作岗位需要从事的可能就是这些相同的工作。相反，花在处理国家核心和常设部门日常事务上的时间，从下面两个方面来看才是无可替代的经历：一则因为学生接触到的是紧急情况、不安全事件和各种困难，这能塑造性格；二则因为这是一个独一无二的机会，让学生能够近距离观察接受大量严峻考验的政府机构在行政体制中是如何运转的。不管怎么说，让有朝一日被要求到武装力量部门担任领导职务的高级公务员事先了解他们的行事方式和生存条件是非常重要的，这就像是让圣西尔军校的学生去体验士官的生活。通过授予办公厅副主任的头衔，我们是想让国家行政学院的实习生摆脱实习生的身份，把他放到一个让他担任领导职务并且逐渐去履行领导职能的岗位上，这样的做法使得学生在省政府实习阶段背负着性格锻炼这一使命，以前的实习就是这么要求的，但随着时间的推移，最近几届学生逐渐淡忘了这一使命。

我们之前建议过的军事培训本身就是道德教育的一个重要方面。当然，不可能在一两个月内就塑造出应有的性格。但对于让未来的高级公务员了解军人职业生涯中赢得尊重和敬重的某些品格，这已经足够了，这些品格首先有利于他们具备超越意识和团队协作精神，达到体能和道德的极限。一般说来，这些品格仅仅是遵循了和巴黎综合理工学院人文教育所规定的相同的目标而已，我们在本章开头已经提到过了。

最后，在我们的想法中，同样还必须突出体育在国家行政学院中的地位。在我们建议的5个月的学制中，标准为每周两节体育必修课，其中一节为团体性运动（比如说足球），这样的体育课有助于学生们为军事培训做准备。一个体育考勤分就足够了，但体育学分系数应该大幅增加。实际上，体育在精英教育中地位低下，这完全不正常。相比较而言，圣西尔军校给军官们安排了足够多的学术课程，因为军官们的整个职业生涯都要求具备一定的学术素养，尤其是后半段。对体育的不重视渗透到了法国的高等教育（实际上从初中高中时候就开始了），这是传统上鄙视体力劳动、技术和职业教育的一种延续。国家行政学院重新重视体育，将会给法国的教育体制传递一个与应征入伍同样具有象征意义的信号。体育成为性格塑造的教育，这不仅表现为拓展简单的身体能力，实际上已经远远超出了这点，它还可以培养团队精神（无论是成功还是失败）、领导意识和首创精神、公平竞争、尊重对手、力争上游和勇于超越自我的意愿，它成为了身体和作为生活平衡唯一来源的精神之间的不可或缺的联系，也将培养处理各种情况的才能。和军队、考试、旅行等一样，体育是生活中的一所学校。另外，是时候让国家行政学院成为未来国家干部接受健康生活教育的地方了，法国的干部，无论来自公共部门还是私营部门，都是从“夜以继日努力工作的人群中选拔出来的”优胜者，事实上都有着把运动当作从工作中偷取时间的可悲想法——运动是大家都试图不引人注目地从事的活动，应该总是排在最后，应躲开同事们的目光，因为他们会给你贴上一个令人不舒服的“娱乐”的小标签。而我们正是要建议，第1个实习期和第2个实习期之间的假期时间应该留出来，而且事先就做好安排，到时就暂停手头上的工作。现在很多实习生不去或是很少有人在实习期间度假（这忽略了一种同样作为义务的权利），认为凭借这种争当班级第一的热情将会获得实习导师的好评，这是一种非常令人讨厌的习惯，往往是形成不良品格的前提条件：工作亢奋但效率低下，把他们自认为国家元首般繁忙的时间安排强加给所有同事。所以，国家行政学院赋予体育更加重要的地位，最后肯定会有助于养成良好的工作习惯。

这三种活动将被放到一起，并由实习和人文教育部进行管理。根据其动机和经历，实习和人文教育部主任将从行政机关或是私营部门内部招聘，不一定要和现在一样必须来自省级机关。他还可以配一个来自陆军的高级军官作为副主任，专门负责军事培训和体育教育。

理论教育方面，首先必须给名副其实的行政史教育恢复荣誉。这一课程最初存在，后来被取消了，最后又被2000—2002年担任国家行政学院校长的玛丽-弗朗索瓦丝·贝希特尔以最低程度的形式恢复（在除去实习之外的15个月培训中只有不到1天的时间，可以说是微不足道）。我在此引用让-弗朗索瓦·凯斯勒的话，他认为“国家行政学院毕业生在行政通识方面的知识极其有限”[①]，但从属于人文通识的行政通识以决定性的方式塑

① 让-弗朗索瓦·凯斯勒，《最坏的制度……除了所有其他的》，阿尔班·米歇尔出版社，第188页。我们强烈推荐阅读这部作品，我们后面还将引用它，因为它有理有据地阐明了很多关于国家行政学院的为大家所接受的观点。

造着国家意识。行政通识教育有利于每个学生提升自我责任感以及提高学院的威望，鉴于中央政府在大区层面不再拥有像过去那样的权能，对于中央派驻大区机构任职的高级公务员们来说，如果他们上过属于行政通识的行政史课程，那么这很有利于中央政府保持自身在大区层面的威望。然而，我们应该放弃培养出完人的幻想：现在，知识领域是如此宽广，以至于我们不能要求每个人都能学好符合 20 世纪 60 年代"人文科学"标准的传统文化。但我们仍然希望国家行政学院的校友能够了解行政机构和国家的发展史，能够对这些主题有所了解。更为重要的是，了解行政机构的历史将有助于更好地理解目前的行政体系，了解其成功之处和困难所在。如果我们不能了解其中的秘密诀窍，就不可能对一个机构进行改革，因为这些秘密诀窍蕴藏在法国过去若干世纪的历史中。此外，行政机构的历史展示了其延续和改革的历程，而改革往往是进步的同义词。所有高级公务员应该具备的改革精神和国家意识不是从虚无中产生的，他们需要实际的内容和案例，才能最终认识到，他们如今看到的行政机关是在动荡、变革中形成的。出于推动国家历史朝前发展的最大利益的考虑，有多届政府和国家高级官员对之前认为不能修改和不得撤销的内容进行了改革。反之，如果一个行政机关不了解自己的历史，如果只是把自己当成是毫无来源毫无历史的技术官僚治理体制，那它就不可能屹立于世界民族之林，不可能对外捍卫法国模式。为了捍卫法国模式，首先需要解释这一模式的基础，而且需要自己能够领会到这些内容。行政机构的历史不是国家发展史或是政治体制发展史，在国家行政学院应该成为每周一次的课程，涵盖从路易十一统治至今的整个时期（这让人想到历史的进程）。最后需要注意的是，根据我们的了解，国家行政学院的管理部门被认为不善于进行哪怕是最微小的改革。这让人想到学生们目前所在校区的丰富历史：目前校区是封建时代圣约翰骑士团的封地，国家行政学院是否会因为自己太过宗教化的过去而感到局促不安呢？答案是，在一个被剥夺历史的地方不利于促进文化的发展，反而会表现出士气不振、状态不佳，学院就是如此。

在行政机构史的教育之外，还应该让每个学生以一位法国或国外的政治家为题撰写一篇论文，论文要突出这位政治家的行为或是其在行政机构领域的改革计划。这不是项研究，而是总结归纳工作。学生需要在所有学生面前向评审委员会就这篇论文进行答辩，评审委员会对论文质量和答辩表现（辩论技巧、产生共鸣以及说服他人的能力）进行打分，两部分内容分值相同。这项工作的目的是让学生研究改革计划的细节，增加他们的人文通识方面的知识，以便他们能够理解类似杜尔哥[①]财税改革方案这样的传统经典。最后，未来的公仆在那么多政治家中选择一位，受其鼓舞，是很有意义的。而且以政治家为案例最合适，因为确实有必要在国家行政学院学生的道德教育中树立起榜样，正如米歇尔·德布雷所建议的那样。

最后，如果没有每周一次的沟通培训，那国家行政学院进行的道德理论教育也是不完整的。和盎格鲁-撒克逊人的体制相比，对沟通艺术掌握不足是法国教育的通病。盎格鲁-撒克逊体制格外重视口头表达能力以及我们常说的“舌战”。也就是说在非常不利的情况下，面对不怀好意的对手时用口语捍卫自己行动意义的能力；进行严谨、幽默而巧妙的答辩，从而以直接的方式

① 杜尔哥，法国资产阶级经济学家，重农学派主要代表之一，主要著作有《关于财富的形成和分配的考察》《杜尔哥的著作及有关文献》。——译者

传播其信仰的能力[①]。国家行政学院设置了几天的研讨班课程用于培训媒体实践，这样的培训内容非常丰富，而且由电视、广播以及纸质媒体的专业人士来上课，必须承认这一培训课程成绩斐然。除了这个值得每年继续开办的研讨班，在国家行政学院，还要像重视其他教学那样重视沟通培训。在目前的沟通培训课程中，学生扮演过去或当下事件的行为主体或发言人，练习接受公众质询，因此这门课必须涵盖比沟通技巧更多的内容。现在，不管是在行政机关内部，还是在面对市民（接待团体等）或是媒体时，高级公务员都应该成为懂得如何输出信念的人。这便是沟通培训应该包括以下两种训练的原因：第一种是沟通训练，在这一训练中，学生会接受媒体采访，学生对采访的主题已经有所准备，之后在其他学生一起在场的情况下，由专门的媒体人士进行录制和点评；第二种是公开演讲的训练，包括了一个针对特定主题用煽动性或是夸张讽刺的言词来进行的公开口头演讲，目的就是按学生建议的方向来引导听众的信仰（在理想的状态下），就像是演讲者在带领着大家跳舞。这门课程应该规定每个学生分别进行两种训练的考试，面对由其他媒体专业人士组成的评审委员会，而且在全体学生面前进行。一所创新的国家行政学院应该成为培养沟通能力的学院。现代的高级公务员不仅应该在公开演讲和操控媒体方面驾轻就熟，更应该了解自身的形象：仅仅在行政

① 重视书面表达胜于口头表达的事实浸淫着法国整个高等教育：在巴黎政治学院，著名的“最多10分钟演讲”是个神话。大部分教授关注的是演讲的内容而非形式，我经常看到，有些冗长、读起来又费劲的演讲得到的分数比那些脱稿且充满信念的10分钟演讲还要高（教授要对所有缺少的要点进行修正……）。几年之后，当我在2005年去欧盟委员会的时候，当时是英国担任欧盟主席国，我可以看到，在当今世界，英国公务员掌握的演讲艺术在某种程度上成为了在多边大框架内施加决定性影响的关键手段。法国又落后了……

机关中占有一席之地是不够的，还应该有尊严地履行公职，同时带有活力、幽默和从容。此外，他还应该懂得如何说服身边人，获得下属和公民的认同[①]。

最后，我们简单概括一下职业道德：教学中理应有此内容，但这部分内容不能算严格意义上的道德教育。行政机关和公务员职业都应服从合法性原则，从这个意义上来说，职业道德首先就是遵守法律规章，这也是良好行为准则越来越体系化的趋势所认同的。了解这些准则——无论是已经体系化的准则还是那些在一定领域中大家都很期待的行为规范（尽管会随着职业的不同而有所差别）——是所有高级公务员的义务。我们所说的道德教育肯定是向高级公务员灌输行为准则最好的方法，他们会理性地遵守这些准则，并认同准则背后的价值观。

道德教育是国家行政学院创立伊始宏伟抱负的组成部分，它的消失只是加速了学院教学计划的衰退。现在，是时候再次为这个未来的、现代的又必不可少的想法赋予真正内涵了，这甚至是所有培训的妙趣所在。能够将精英与其他人区分开来的不是知识的多寡，而是性格与道德品质：一位领导人如果没有这些，无论是在高级公职部门、警察局、军队还是企业，他都不会拥有获得他人敬重和说服他人所必须的威望和魅力。我们真正想要从培训中得到什么呢？三个方面：首先是技术，这需要好好掌握，而且这也是为什么学生们应该专门研究的原因；其次是方法，就是公

① 沟通技巧说到底仍是管理方面的最佳培训，我们可以看看马修 · 斯图尔特在《评论》第 118 期 2007 年夏季刊上的一篇同名文章中对“管理神话”进行的剖析。另外，本书认为和巴黎政治学院、国家行政学院相比，商业学校的教学更加具有优越性，这篇文章为我们提供了优越性的证据。

文综述撰写的方法；最后是道德，也就是性格、道德品质以及行为准则。这些行为准则不是以原则列表的形式进行传授的，而是建立在思考和案例的基础之上，建立在对活动以及塑造道德的考验的参与过程中。对于这样的培训， 1945 年的法令对此进行了很好的总结："学院将教授他们行政和政治生活中的技术，学院同样致力于在学生身上培养共和国体制带来的崇高职责感以及传授履行这些职责的方法。"剩下要做的就是付诸实践了。

第五章 如果我们把法国国家行政学院变成一所精英学校

“精英的腐败乃至平庸是如此致命，原因在于精英分子之间具有捍卫精英团体名誉的共识，无论他们自己腐败还是清廉。”

——乔治·贝纳诺斯

通过欧洲问题、经济情报、国防问题的论述，我们已经证明法国精英无法适应未来法国的根本挑战。作为精英制造的象征，法国国家行政学院必须走上真正的改革道路，对此，我们提出了具体切实的改革措施。

我们的改革设想初具雏形，现在需要将其细化，借助于之前的思考，是时候提出以下关键问题了：法国国家行政学院是否的确是一所精英学校？这么问似乎很失礼，但恐怕答案没那么明白。

法国国家行政学院的入学是通过考试选拔，且不少毕业生的就业岗位层级较高，因此法国国家行政学院无疑具备精英教育的维度。法国和外国的专家都认为法国国家行政学院是法式共和国精英主义的象征，但几乎没人认识到这个体系其实非常不全面、非常平均化，与它表现出的精英化相去甚远：法国国家行政学院既没有培养最优秀人才的雄心，也觉得没什么必要去招募最优秀的人才。

录取的优先权：录取选拔优先于培训

首先，法国国家行政学院有一个缺陷，即录取方面的优先权。这一缺陷也不完全是法国国家行政学院的特色，不少公共和私营的法国精英机构都有这个问题。最令人惊异的是，这种优先权源自旧制度特有的“贵族精英”本质概念，同时也来自于法国大革命的平均主义信仰，这种优先性孕育出一种不利于构建名副其实行政精英团体的偏见：我们把录取当成了结果，可是录取应该仅仅意味着开始。

其次，法国国家行政学院没有培养出真正的精英精神。国家行政学院担负着构建融入真正精英精神的行政精英团体的任务，但是它失败了。真正的精英精神不是带有贬义意味的等级意识和自视甚高的态度，这些绝非精英的标志。精英精神应该是一种工作方式，也就是不拉帮结派、主动远离公务员小圈子的蝇营狗苟、为了国家最高利益跳出条条框框的能力。我们将会在之后详述这些能力以及介绍一系列的道德品质。

法国国家行政学院精英主义（在培训和在精神上）的双重缺陷恰恰与学院设计者最初项目所要求的两个发展维度相切合，这两个维度后来很快变了味，甚至直接被抛弃了。因此这双重缺陷给高级公共职能造成的损失更大。戴高乐将军和米歇尔·德布雷在 1945 年提出的法国国家行政学院的最初项目设计是一种亚里士多德式的贵族政治式教育[①]，也就是说，国家行政学院应该是一所培训学校，学校培训应该依照古代传统，应该以道德教育即品格教育为主。品格教育的主要目的是让高级公务员能够摆脱因循守旧的思路。米歇尔·德布雷曾在讲话中含蓄提及，表示自己没有设立内部考试的意图，他希望的是国家行政学院能够被外部考试的竞争精神所主导[②]，因为对一名希望成为高级公务员的学生来说，他不能把国家行政学院看作晋升的渠道，而是应该把其视为脱胎换骨的熔炉。其实，同样的培训针对不同的人，其效果是不同的。比如培训对象是学生或公务员，培训效果就会不一样。学生是比较容易被人文和道德学习感染的，而公务员在日常行政工作中养成的习惯已深入其性格。法国国家行政学院的创始人梦想建立一所"最优秀人才"的学校，不仅仅是选拔最优秀的学生，而且要培养出最优秀的人才。然而，自托克维尔时代以来，法兰西钟爱的平均主义很快扭曲了国家行政学院的最初想法。这些想法湮灭在 1945 年最终达成的妥协协议乃至学院的后续发展之中。

历史点滴

与巴黎综合理工学院针对高中毕业生的学位教育不同，起初

① 可以说戴高乐将军是法国国家行政学院创始之父。但是法国国家行政学院的设计者实际上是米歇尔·德布雷。戴高乐在他的《战争回忆录》中向德布雷所做的贡献致敬，他说学院的创办计划"全部来自德布雷的大脑"。

② "培训也是为了增加经验。当公务员开始职业生涯时，除了书本和课堂知识，他是没有实践经验的。学员也没把行政机构要求的实习当回事，所以实习效果很差。"摘自米歇尔·德布雷，《公职改革》，收录于《国家行政学院院刊》，第 1 期，1946 年 5 月，第 5—6 页。

的设想是把法国国家行政学院建设成高等实践院校，目的是统一录取高级公职部门的公务员，取消各个部委和国企的单独录取考试。1945 年，各方对法国国家行政学院的创办方案达成最终协议，主要有三方提出了不同要求。第一是公务员工会，工会希望国家行政学院成为一所专为公务员晋升设立的内部学校。第二是共产党人，他们希望国家行政学院能够取代巴黎政治学院，成为高中毕业会考之后公务员录取的新途径。法国国家行政学院的录取将更加民主，而且能够确保意识形态的培训。第三是法国抵抗组织的公务员们，他们把国家行政学院视为行政系统的军校，旨在培训最优秀的公务员。尽管抵抗组织公务员们大肆批评德布雷的想法，但其实他们的设想是最接近德布雷的。抵抗组织公务员提出的正是一种道德精英主义和人文教育的设想，希望学员能够带领团队，做出行动。最后通过的创办方案是三方妥协的结果：成立一所高等实践院校，根据学生毕业后的工作岗位进行培训，这样的培训体系过去是没有的；学校通过内部和外部两场考试招生；培训内容涉及人文与道德两方面。

有哪三个主要组成部分呢？

法国国家行政学院首先是一所高等实践学校，但是“实践”被缩减成两个主要组成部分：高级行政经验的初次获得是通过实习和公文综述方法的完善。我们不能把公文综述的成绩视为学习到的新知识，因为公文综述是入学考试题型的一部分，所以我们默认学生已经从技术层面掌握了公文综述的撰写。对学生而言，毕业以后分配的岗位是不确定的。因此，入学以后的职业培训定位不清，从而没有落到实处。因而，额外的培训非常必要。学生从国家行政学院毕业后，无论是担任行政长官、外交官、行政法院顾问或是其他职务，都需要在工作实践中再次学习，才能成为国民行政官员。那么，国家行政学院实际上是放弃了成为职业培训学院的目标。学生在国家行政学院学习不到未来职业所需要的实际内容，只能学到行政通识方面的知识和一些职业技巧。我们倒不是给法国国家行政学院的教学内容给予负面的评价，我们只是认为这些教学是远远不够的。

道德培训的设想已然完全湮灭。正如我们了解的， 1945 年法令认定道德培训是法国国家行政学院的必要培训之一。道德培训通过三大教学内容实施：行政史教育、关于政治家的论文撰写、军事培训。但是这三大内容很快在培训中消失了。

人文培训仍然存在，主要通过实习来实施。但是这种人文培训是一把双刃剑。人文培训的目的是培养高层次行政人才（省部官员、大使、欧盟委员等），因此的确能让未来的高级公务员了解其职务内容和权责范围。但是另一方面，人文培训又迫使实习生具有顺从精神，学生甚至为了获得好分数对负责评分的学院领导唯唯诺诺。我们原本设想通过实习使学生具备人文精神，结果与初衷背道而驰。学生的这种顺从精神对未来宦海升迁肯定有用处，但是对性格培养几乎没有建设性意义。事实上，法国国家行政学院的实习起着黏合剂的作用，是一个通往职业生涯的仪式，多年后校友们还会记起。他们把实习经历作为共同的话题，实习是他们在校时唯一的美好回忆。

戴高乐时期（1958—1970），法国国家行政学院给参加内部考试的学生分配的名额从 1/2 减少到 1/3。考虑到戴高乐和德布雷的想法，这倒不奇怪。除了这一时期，法国国家行政学院在内部选拔中越来越强势。时至今日，通过内部考试参加选拔的学生大概占了同一届录取人数的 40％。最主要的是，这些学生的想法在法国国家行政学院占据主流：我们总归要回来的。

我们想在此表达的是，法国国家行政学院最初是被设计成一所精英学校，专门录取和培养行政精英，培训内容包含人文、职业和道德教育。作为高级培训院校，法国国家行政学院的功能在于：第一，避免学位教育中刻板的意识形态和人文主义教学；第二，选拔一些比较成熟、人格完善、才能卓越的优秀学生，以培养他们将来胜任国家的高级领导岗位。结果，法国国家行政学院仅仅保留了这种形式上的精英主义，即通过录取和毕业的流程来凸显精英主义（通过内部考试选拔出来的某一届最好还能有一个别致的名字，以此来显示这种选拔[①]），但是它在培训内容上则放弃了精英主义的抱负。

当我们说到法国国家行政学院并非一所我们想象中的精英学校的时候，我们倒不是要质疑学院学生的录取质量，也不是要去质疑学院作为法兰西共和国最高精英学府的地位。法国国家行政学院的入学考试对考生有很高的知识要求，同时也是一种心理考验和耐力测验。考生需要证明自己能够胜任在校学业，成为国家领导岗位的人才。不论现存的体系质量如何，我们当下确定的是，法国国家行政学院再也不能培养出 21 世纪法兰西需要的精英人才。仅仅有一颗追求卓越的心是不够的。我们法国人必须重新燃起“成为最优人才、培养最优人才”的渴望。重要的是，法国国家行政学院应该尽最大努力成为共和国精英培训基地的

① 对某些社会阶层，例如教师或者军人，考上法国国家行政学院意味着职业生涯的实质性转变。

典范。

建设怎样的法国国家行政学院，培养怎样的未来精英？

为了给以上论述做出结论，我们在这里提出如下问题：为什么把法国国家行政学院重塑成新的精英学校非常重要？法国国家行政学院流行的精英培训理念是部分扭曲的，而且这个理念在很大程度上对法国行政体系造成了不良影响，由此会产生哪些实际后果？那么，高级行政机构乃至全法国究竟需要什么样的精英？

1945 年法令出台的培训体系适用于活在旧秩序中的法国，也就是说，在 20 世纪 80 年代之前，这一套培训是有效的。因为直到 20 世纪 80 年代，法国经历了高速增长、主权复兴、国家层面的整合、社会同质化、大型企业国有化、政府的分量和荣誉受到广泛重视，去公职机构任职受到欢迎。在这样的形势下，高级公务员出身于内部考试还是外部考试，这并不重要。在和平繁荣时期，他们是否接受过道德培训，好像也不重要了（这种观点其实是错误的）。他们会不会说外语，也无关紧要。但是如今，我们进入了全球化的“新秩序”，欧盟扩展为 27 国，有共同的大市场，国际经济交往增多，竞争日益激烈。因此，国家及其下属机构的角色和定位发生了新变化，需要与时俱进。

从这个角度考虑，自然的反应就是采用跟随法，也就是说，既然世道变化，那么我们就按变化来。例如，我们把公职机构欧盟化——参见伊夫-蒂博 · 德 · 西尔吉主持的法国国家行政学院改革委员会 2003 年报告；我们欢迎市场和自由交易的力量；我们迎接国际学生的到来；我们在招募高级公务员的时候对私营企业经理敞开大门。

但是这还不够。法国国家行政学院的地位在不断下降。这是事实，行政长官地位今非昔比。私营部门人才，特别是律师，在国家政治生活中的地位不断提高，请参见最新一届政府的构成。我们的意思不是说，因为国家行政学院毕业生在政治生活中地位下降，我们就要改组行政学院，让其成为国际化精英人才的输出基地。这是巴黎政治学院的目标，不是我们的目标。国家一直需要招募一批专门效力于国家、甘于奉献的精英，他们把为国服务作为首要目标甚至唯一目标，他们不是培训工厂用模具批量生产出来的。

录取的优先权

让我们回到培训的问题上：学生在哪些方面没有获得真正的培训，是什么原因？为什么国家行政学院缄口不提要给学生提供真正的培训？

弗朗索瓦丝·米克尔是国家行政学院校友，她在近期一份毫无保留的材料[①]中强调，她在职业生涯的头些年深感学校教育的缺失造成了职场准备不足。她说："我要责备国家行政学院完全没有帮我做好准备。我一点儿都没学到对未来行使工作职能有用的技能，也没有学到让我能安身立命的知识。"

人们为此辩护经常提到的理由是，国家行政学院的任务是成为一个实践学校，而不是提供学位教育。这样的理由非常蹩脚，

① 弗朗索瓦丝·米克尔，《权力幕后的女人——法国国家行政学院没有教给我的那些东西》，复兴出版社，2006年。

以致无法对其培训之弱点进行有效辩护，因为实践本来就是整个培训过程中最深入也最见成效的环节。假如一味拘泥于这个理由，那么为什么不能用入学考试成绩充当毕业成绩排名次，然后每个学生去录用他的那个行政部门实习几个月就行了。

国家行政学院忽视提供更加坚实的培训的第二原因在于，无法提前选择毕业后的职位。由于在毕业考试排名出来之前一直存在着职业不确定性，因此国家行政学院在整个培训期间没办法提供职业化的培训。

事实上，国家行政学院培训薄弱的原因更为复杂而深刻，首当其冲的是固执的平均主义思想，这无疑是最大原因。如果说平均主义的信条是出于必要才接受了选拔的概念，即允许每位公民凭借自己的才能竞争公共职务，可是它却拒绝让我们向这些经过选拔的人才提供旨在培养“人上人”的培训。在这种思想逻辑指导下，所有公民都能够期望着被培养出来以承担高级职位，本该为选拔出来的优胜者提供的“人上人”培训却被看成了不公平甚至不正义的。与此同时，唯一的选拔机制只有入学考试，而且选拔方式是看似客观的盲选。

我们应该立刻注意到，上述的平均主义是一种泥古不化的平均主义，这种陈旧思想在后来的发展中离弦走板： 1968 年的极左思想渗透了法国教育体系的方方面面，尤其是在大学，这种思想颠倒数据，拒绝有利于教育培养的选拔机制。尽管如此，法国教学体系的普遍指导思想倒还剩下了那种随着大学课程的深入逐步淘汰一些不利因素的传统。事实上，当法国面对大量国家选择将美国教育体系奉为圭臬时，法国这样或那样的教学概念显得越来越守旧和不利。美国体系是在更公平的比例下，把选拔、培训和能力培养三者结合起来，尤其是能力培养，帮助每一个人在社会中找到自己的位置。（请允许我们在这里评价美国体系，虽然说我们以正统自居，但是美国作为世界第一经济体、世界第一科技大国、最先进的知识国家，可谓硕果累累。）退一步讲，我们也不能苛求国家行政学院，平均主义这一套思想浸透了整个法国教育体系，以至于不管哪种精英制度，都会遭到笃信平均主义思想的狂热拥护者的批判和攻击。

体现平均主义思想的恶行还有一个例子，就是国家行政学院的语言评估。在目前体系中，外语初学者的分数是依据其进步进行评定，而非他们达到的真实水平。例如，一名学生在进入国家行政学院之前就花精力学习了某几种外语，已然是优等生；而另一名学生不重视外语方面的学习，是初学者，他们在最后的毕业排名中却几乎没有分数差距。这种外语能力评估的"奖励"观念正是不合时宜的平均主义的典型：在法国，我们把外语的掌握看成一种天赋能力，而这种能力是靠一种普遍不公平的天意来分配的，因此需要奖励语言能力弱的人。在国家行政学院，这种外语评估方式还有一个目的，就是避免评分不利于从内部考试进来的学生，这些学生传统上在外语方面比较薄弱。然而，一名通过内部考试从财政部选拔出来的学生，在面对金融知识考试的时候，会比其他人更有利，但这种情况，好像没有人觉得是不公平的，也没有对其他人做出任何补偿。后果很明显：国家行政学院毕业生的外语水平相当弱，这对我们扩大影响力，尤其是在欧盟机构内扩大影响力毫无益处。这是意识形态战胜优秀与效率原则的又一个事例。

多年来，国家行政学院的校友一直揭露该校教育内容的缺失、教育计划的薄弱。然而，与我们想象的不同，这根本不是令人惋惜或遗憾的错误，而是国家行政学院式精英政治独有的平均主义神话得以残存的主要条件。精英选拔完全体现了共和主义和平均主义思想，其思想主旨就是：所有具备相关能力的法国人都能够通过考试。但是向这些人提供真正的优质培训，意味着为选拔出来的优胜人才创造更多优势，这与平均主义思想不相容。实际上，真正的培训应该是尽可能地让学生成为杰出人物，这才是真正的“精英选拔”，法兰西共和国的大部分大学校就是这么做的，而国家行政学院自始至终拒绝这么做。因为作为权力培训学校的象征，国家行政学院情愿保持过去的神话，而不愿意大胆走进 21 世纪。国家行政学院培训中，只有 1 年的实习是真正的培训，可惜还被分割成越来越短、越来越分散的教学周期。而且，我们没办法把这些实习教学周期有效地融合成一个完整的培训周期，因为，不论在何种新的教学架构下，都无法把实习周期从年轻学员的学习时间中剥离出来。更为普遍的是，法国体制维持着两种截然不同的教育制度的共存：一方面，从小学直到就业市场，持续实行严格擢拔优秀人才的制度；另一方面，在真正的精英培训方面，无论在哪一个教育阶段，一直逡巡不前。

国家行政学院的学生拒绝接受服役或军事培训，这也是害怕杰出、害怕高贵的一个例证，出于以下两个理由：

一方面，我们在前一章强调过，精英对国家的团结具有特殊作用。关于精英身份与国家的关系，这个观点与战后共和派空想的一个基本看法毁冠裂裳。巴黎综合理工学院的学生具备军事身份，是因为考虑到其中某些人未来承担的工作对国家具有特殊的作用，必须将他们与普通法国人区分开，所以他们有“托辞”，可以让学生具备军事身份。而国家行政学院没有这样的说法，服务于国家是每个人的义务。国家行政学院的学生主动、公开为国效力，未来会承担各个政府部门的职务。其实，国家行政学院有理由模仿巴黎综合理工学院，使公务员与其他法国人区分开来，也就是说，让未来的政府公务员们具备某种军事经验。国家行政学院本来是可以做出这种选择的。

另一方面，尽管国家行政学院学生是共和国精英的标志，但是对他们进行军事培训，人们一直持有保留态度。其更深层原因在于杯弓蛇影的恐惧：害怕通过军事培训，培养出军政联合的权贵阶层。如果人们相信布尔迪厄关于此问题的长篇论述，那么开设军事培训意味着学生在已经拥有学院赋予的贵族袍的基础上再次被赋予贵族佩剑。想一想精英的含义，军事培训本来可以带给学生们在面对军事世界乃至现实复杂情况时所需要的一些可贵品质，而且可以让他们在高层次培训中时刻保持谦卑之心。军队比其他地方更能够看出每一个人将来在工作中可能具备的真正品质。因此，拿破仑对省长们训话说："你们只给我发送了你们省里公务员那些不值一提的评价。而我想知道的是，能不能在公务员中找到位低才高的人，我可以把他派到更重要的政府岗位上去。"① 在国家行政学院的学生培训中引入军事教育，就是象征性地保证精英不应该仅仅是被选拔出来的，而是应该被培养出来，以为其投入毕生事业做好准备。军事培训一直是杰出精英培训的标志，其能力培养不会弄虚作假，其培训锻炼才智和品德，学员在军事培训过程中通过不断超越自我获得提升。

对真正的培训持保留态度还有另一个原因，盎格鲁-撒克逊的观察家们已经很好地总结了，法国体制下无论公共部门还是私营部门，培训质量下降，原因是人们更看重身份而不是作为，即你是谁比你做了什么更重要。这种观念与旧制度的文化遗留不无

① 拿破仑，《首脑手册，名言选》，帕约出版社，巴黎， 2006 年。

关系，也就是说，在公共部门和私营部门，权位是以身份与承袭的方式运转的。比如，你是国务委员、金融监事或桥梁工程师，那么你就终身从事该职务，身份的威望总是胜于真实的能力。人们习惯于并期望看到，大学校或其他精英培养路径是通往走向高级职位的康庄大道，世界上的其他地方也是这样，所以我们不认为内部选拔是一种良方。越来越让人难以忍受的是，岗位必备素养与从事岗位的公务员的实际素养之间缺乏恰当的检验，这在行政实践中比比皆是。我们认为，这种情况的后果之一就是法国在欧洲的影响力不断弱化。以后法国行政的议题会复杂化，行政的业余性将无法承担这种复杂性。法国政府内部盛行的威望范围，对法国在布鲁塞尔的政治影响力而言简直无足轻重。

卡朗·西尔的文章①从美式的观点讨论私营管理中的法国文化，非常有意思的是：一方面作者以国家行政学院为例，阐述法国私营部门的管理文化范式；另一方面，作者提出法国企业的经理人培训非常罕见，因为培训被视为能力不足的证据，精英的能力有缺口才会去培训。而在法国，精英的身份意味着不会犯错，这个身份的确立足于精英本人和他（她）从属的社会关系、学历关系与文化关系。作者写道："法国人把精英身份赋予某些个人，是基于从属的关系，而非个人的表现或成绩。"换言之，既然从本质上说，一经选拔，就是选出了无所不能的领导，那么领导肯定不是被培训出来的。

这种源自精英主义的某种程度上的错误观念令国家行政学院和政府产生了哪些风险呢？

---

① 卡朗·西尔，《跨文化的超前：法国》，雷鸟案例系列，加尔文国际管理学院，2005年。

重大风险是法国行政精英质量的持续下降，这在欧洲各机构内已经显现，主要原因是通过考试选拔的模式已经深入法国的所有职业生活，而这种模式在国际舞台，特别是欧洲机构，纯属无效。我们要在世界占据一席之地，但是法国人珍视的“身份＝权威＝影响力”的等式无法在以实力为主导的范式中适用。以身份与承袭为导向的运转方式在欧洲范围内行不通，因为欧洲机构以工作效率为先，以此决定影响力与权威的程度，而且在欧洲机构内，从某种程度上说人们不看重头衔。

我们需要什么样的精英?

那么，关于培训，我们究竟需要哪一种精英呢?

我们想要的是，不论何种情况，我们都不希望降低选拔的门槛。改进选拔标准是可能的，放弃法国教育制度里的选拔原则会导致学生水平的普遍下降，但是固执于选拔原则、不肯改变选拔标准，最后只能无奈地改变选拔时间。我们希望的是，选拔因地制宜进行，成为继续这样或那样道路的必备步骤，而不是意味着一种不可撤销的认可，同样也不是结果。“现在才是一切的开始”：一个真正的行政精英应该在国家行政学院开始学业的时候，就把这句话牢记心中；我们的体制需要这些学生在心理上为第二次选拔——毕业选拔——做准备。目前与毕业选拔相比，培训只占据了些微比例。

因此我们希望看到的是训练有素的精英，而非择优录取的精英，精英主义应给予培训与选拔同等重视。真正的精英主义是网罗最优秀的人才去服务政府，选拔人才不是基于他们的身份，而是基于选拔、培训、工作方式，这三要素构成了不可分割的整体。本应当拒绝政府岗位承袭的方式，但目前在国家行政学院内部这种方式是主流，这种思想不仅在整个公职部门盛行（恐怕在基层岗位该思想更加盛行），在私营部门也存在，例如法国大型企业干部架构十分保守。真正培训国家行政学院学生，大概意味着引入这样的思想：成绩不算什么，选拔只是一个步骤，无法完全预见到承担这样或那样的责任所需的真正能力。通过考试进行的选拔，这里我们全心全意地声明，要求的水平必须是最高的，但是这种选拔仅仅是为了找出那些有资格和特长来受训的学生，这些学生未来要承担相应的责任和义务。

我们还希望看到被技术化培训过的精英，也就是说，他们已经对即将承担的工作做好了准备。为此需要三个措施：首先要缩短学制，目的是在毕业排名之后更多地引入针对学生所选工作的职业培训。法国文化中，选拔总是要比培训重要一些。这一事实导致了如下后果：现在的学制设置时长没完没了，纯属浪费时间，没有必要。国家行政学院的学制可设为两年：一年实习，一年学习，职业培训包含其中；而现在的学制是两三年，不包含职业培训（也就是说，有些学生要学习将近三年）。我们建议毕业排名可以在第二年的 9 月份公布，然后 10 月到 12 月份进行职业培训，学生于次年 1 月份入职。

第二个措施是引进学生在校期间的专业选择机制。如今存在这样一种思想，认为专业技术人员属于基层，因为他们选择了职业教育培训的道路，而没有参与普遍的选拔。现在的教学是在一个内容极其丰富的大盘子里浮于表面的，教学评估也只能通过公文综述进行。这是把方法的学习（指文献综述。不管学习的是什么内容，对掌握一种方法来说都是一样的）与内容的学习（不能只是像蜻蜓点水那样，什么都想学，但对什么都不深入）混为一谈[1]。

如果承担的责任需要综合能力、开阔的视野、敏锐而有威信的个性，那么单单钻研某项专业确实不够，而仅仅具备这些素质在当今越来越复杂的世界也不够，现代社会隔行如隔山，专业细分深入。换句话说，必须同时具有通才的开阔视野和专才的能力。国家行政学院的教学不必全盘专业化（而且一旦全盘专业化，意味着我们主张的毕业排名不再存在），但是部分教学内容面向学生时需要进一步深化及专业化，同时还应该在培训中引入部分专业内容，迫使学生提升专业水平，这也是目前的趋势，是国家行政学院2006年改革的重要部分。且让我们停留在当下，见证那种盛行的对国家行政学院培训漠不关心的态度。我们在针对精英学校的思考文集或各种报告中，也能看到这种态度，这些书面文字几乎不提国家行政学院的教学内容，实际上就是不言而喻地承认，国家行政学院只是一所选拔学校而已。

最后，我们希望精英培训注重人文和道德教育。简单来说，人文教育应当被视为独立且完整的教育，其教学原则应当明确针对政府高级公务员所必备的素养——模范、优秀、谦卑、威信、毅力与勇气。

人们可以这样反对我们的看法：只要行政生活中存在这些规则和文化——国家行政学院毕业后分配到大企业工作、论资排辈、几乎没有轮岗借调、高起点的职业生涯，那么我们这种对于培训的看法完全是乌托邦式的空想。所有国家行政学院的改革计划都被这堵无形的墙击碎，因为所有改革都觉得这堵墙是无法逾

① 我们认为主干教学内容可以缩减为经济学、会计学、财政学、国际问题、欧洲问题、公共管理、司法文本撰写。

越的。我们敢打赌，改变国家行政学院，就可能改变体制，因为凭借新的原则培训出来的代代新人才可能是变革的匠人。也因此，我们建议国家行政学院与政府之间应保持较远的距离，目的是让国家行政学院能够自我发展，不再等待政府主导的靠不住的改革。这种变革缓慢到按世纪来计时，我们觉得从 1815 年到 1945 年政府没有什么大型改革，按照这个时间规律，要等到 2075 年才会有一次新的改革。

精英精神

我们认为国家行政学院没有精英精神，这恐怕令人吃惊。人们经常把精英精神与一系列的负面行为结合起来：傲慢、统治、自负。这些行为不仅在国家行政学院存在，在所有的高级机构也存在，既不算多，也不算少。我们只是觉得，在这方面，科技与商业机构的风气比国家行政学院好一些。另外，国家行政学院学生已经耗费了大量青春准备这么难的入学考试，他们从自己的成功中感到合理的骄傲，他们要承担属于他们的责任，这都是正常的。然而，在足够的自信和极大自负之间需要取得平衡。所有的高级领导都很自信，否则在国内和国际的权力斗争中无法取胜，而法国领导人（公共和私营部门）的自负很常见，容易导致思想僵化、自以为是，这催生了许多弱项，以至于在当今世界，法国再也不是理性、仁义、公正或是真理的代言人。

这些倒不是我们想谈的精英精神。正如我们上文所述，精英精神已经离开国家行政学院（也许国家行政学院从来就没有过？），这种精神指的是所有能够加强一名高级公务员公共服务岗位能力的方式方法，这些本应当通过国家行政学院的培训而获得。与人们平常认为的相反，造就精英精神根本不需要什么狂热的国家干涉主义，国家干涉主义其实早已过时。不过，假如学生毕业之后只能拥有一样能力并且这种能力应该被置于高级公务员的所有其他职业价值观之上，那这种能力便是指对社团主义的摈弃，因为社团主义是公共事业的敌人。只有这样，精英精神才能在高级公务员身上扎根，具备精英精神意味着高级公务员有能力忘记自己公务员的身份，忘记自己属于某个社团或部委，能够自问自己的每个行动是否符合并捍卫了国家的利益。

可惜国家行政学院缺乏这种精神，整个学制中再也没有天下为公的精英精神，反而充斥了那种依附政府、为了讨好上级战战兢兢完成工作、忠于小团体胜过忠于国家的歪风，而且为了保护自己的地位和特权不择手段。

三个因素共同导致这种风气：第一是内部选拔占据一席之地，每一届分配的席位中，内部选拔所占席位为数不多，但事实上却主导了国家行政学院的风气。内部选拔的学生其实是第一批受害者，因为他们没有把国家行政学院的学习看成水平提升的渠道，而是继承了过去行政生活里的种种习气，并且把国家行政学院学习看作升官的途径。

内部选拔的席位一直是利益得失和意识形态较量的核心。从一开始，内部选拔被认为促进了国家行政学院的大众化，因为人们考虑到已经在位置上的公务员往往在学业上没有通过入学考试进入学院的学生优秀，但假定他们的行政经验弥补了他们比较薄弱的学业，内部选拔就成为了弥补这些人学历不足的工具。这种说法确实挺吸引人，毕竟我们不能只是根据一个人考试成绩的好坏来判断其能力，而是应该综合考虑他在实际工作岗位上的能力。对此，我们有三个反对意见来让这种说法不成立，至少部分地打破它。一方面，工作锤炼人性。在行政中，特别是在非职能部门，养成的习惯会产生一些根深蒂固的思想看法，而这些思想看法恐怕与国家高级干部必备的精神内容相距甚远；另一方面，内部选拔不应无原则，首先要拒绝这样的思想：资产阶级通过入学考试筛选自己的精英，基层公务员是入学考试的受害者，所以应该通过快速通道补偿这种不公的受害者。换句话说，不能因为马叙将军①是行伍出身，就认定所有行伍出身的军人都拥有与他一样的实力和天赋。让-弗朗索瓦·凯斯勒丝毫不掩饰自己的感受："（……）中央行政专员们已经从高级公务员岗位选聘（tour extérieur）中获益。他们代替了过去的公文拟稿员。通常国家机器的保守和墨守成规，要部分归因于这些人。"② "如果说国家行政学院毕业生基本上都是因循守旧派，那么他们其实没有其他高级公务员守旧，特别是那些通过内部晋升和特殊考试出身的高级公务员。"③ 他还注意到：1966 年通过高级公务员岗位选聘流程被聘用的公务员中，国家行政学院出身的公务员有 9 名，其中 3 名来自内部考试，而到了 1985 年这一比例提高到 9 名里面有 6 名来自内部考试。结果是，如果我们算上来自国家行政学院内部考试的高级公务员，我们会发现行政精英中这批人占据了非常多的岗位。1999 年内部考试进行测验改革，目的是促进基层行政官员入学，这样做可谓改革成果颇丰，同时却损害了教师群体作为竞聘人的利益，教师们通常会表现出比行政官员更多的独立精神，这次改革部分地造成了如今的状况。最后，我们太容易

---

① 马叙将军，二战时期法国著名将领。——译者

② 让-弗朗索瓦·凯斯勒，《最坏的制度……除了所有其他的》，阿尔班·米歇尔出版社，第 26—27 页。

③ 同上书，第 128 页。

忘记，给内部考试预留位置其实减少了外部学生们的岗位，他们可能具有良好的职业潜力，可惜因为位置不够，只能流向私营部门，或者去参加级别低一些的选拔考试，导致大材小用；而基层公务员已经享受了高级公务员岗位选聘的好处，却还可以从内部考试中分一杯羹。我们不能忘记，国家行政学院是唯一提供内部直接上升通道的精英学校（这里不谈国立法官学校，该校每届人数很少，与国家行政学院情况不同）。内部考生数量之多产生的问题，不在于这些学生的价值观或是个人态度（毕竟经历不同，看法各异），而是在于这些学生形成了官僚主义与高级行政机构之间的强力联系，而这种联系正是国家行政学院自创办初始就决心切断的，并且国家行政学院的创办是为了形成新的高级公务员阶层，他们应与守旧派的小圈子和过分行为划清界限，反对一切社团主义，专注于国家事务。很明显，这些学生不具备国家行政学院教授的改革精神，在欧洲乃至世界的竞争中，对变革的抵制制约着法国，行政专员或许可以因循守旧，但是他们的想法透过国家行政学院侵袭了整个国家高级公务员队伍，与此同时，在学院聚集了一批狂热拥护者，他们恨不得政府都由内部考生组成①。

内部考生在数量上占优势，影响了国家行政学院的普遍精神②，然而，要是没有学院举行的考试助长坏风气，内部考生也无法兴风作浪，这就是国家行政学院内部缺乏真正精英精神的第二个原因。我们回顾了一下有关学院的报告与数不清的校友陈

---

① 另外我们要指出，当政府内部盛行平均主义，这些“优秀”的行政专员其实是首当其冲的受害者。

② 2006 年法国国家行政学院入学考试，招收 36 名内部考生，9 名参加第三种考试的考生，总计 45 名；而当年招收的外部考生数量也为 45 名。

词，他们都证实：在学习期间因循守旧思想盛行到不可思议的程度，而且年复一年、日复一日，国家行政学院主管部门都身体力行地捍卫着它。评估学生的主要标准是看两方面能力：一方面，实习期间模仿（恐怕更确切地说，是依葫芦画瓢）实习导师的行为，或至少能让学院的实习主管部门感到你确实在努力这样做；另一方面，学生热情展示自认为能让出题者（也是阅卷者）欣赏的答案，以获得高分。考试委员会毫不知耻地禁止考生给出不同的答案或是异端的立场。毕业考试的口头测试（针对实习答辩或是笔试答辩）成了哑剧模仿表演，那些考官仗着自己的职业生涯比较突出，因此根据考生与自己的相似程度来衡量他们的水平，也就是说，考官们选择了那些能够保证现有体制不变化的答案。真是猴子耍把戏——老一套。

我们刚刚描述的两个特点（内部考生数量占优势，行政的因循守旧思想成为主流评价标准）催生了第三个特点。这第三个特点完美保证了在国家行政学院内部考生的精神主导地位：通过行政的因循守旧思想影响外部考试进来的学生。不要以为这些学生没有他们那些年长的公务员同学守旧，他们特别容易被主导的意识形态渗透，因为这会有利于向上晋升。即便他们带着批判眼光看待主导意识形态，但是他们仍可以根据需要接受守旧思想，结果还是原地踏步。因此，如果说外部考生一般来说在毕业排名中占优势，不是因为考试标准对他们有利才获得了好成绩，而是因为他们成功地让自己符合了行政服从思想的各项要求，他们最终接受了这种思想。他们最初不熟悉这种社团主义，他们是在国家行政学院学会了揣摩上级意思去行动，他们还学会跟着学院主管部门针对所有影响公平的事件一起去争来吵去，而且学会了从不满足。戴高乐与德布雷的影子已经完全离开了，应该最早是从学员们的走廊里离去的。对现存价值体系进行复制与存续的教育并非只是国家行政学院一家机构产生的，但是国家行政学院进一步推动了这种教育，以致背离了学校创办者的初衷。其实，与私营部门比起来，政府更难接受守旧思想，因为抵制变革不利于法国为立足世界各国之林而进行的必要改革，而且守旧会非常容易抵制民主的意志。

考虑到上述问题，那么是否应该取消内部考试？我们认为不必，因为不同来源的学生之间的互动也构成了国家行政学院的巨大财富。如果只通过外部途径招生，意味着学校与其他政府部门切断联系，那将是学校的一大损失。所有的问题其实在于比例，我们建议每一届招生，内部考试名额不能超过外部考试名额的1/3，为了达到这个比例，应该增加外部考生的名额。令人惊愕的是国家行政学院每年只录取四十几人，而在几千名外部考生中，大约有3%的人可以被视为真正积极主动、聪明上进、潜力极大的学员。只录取四十几人，白白错过其他优秀学生是很愚蠢的。

我们非常理解内部考试作为一种保持公正和提拔的工具而存在的理由，但是国家行政学院不应该成为有着补偿或替代作用的某种意识形态的工具。另外，问题不在于考试的水准，正如传统的批评意见所说的那样，这些意见认为外部考试过于精英化，而内部考试不够精英化。非也，真正的问题在于主导思想，因为主导思想引领行动。来自政府的内部考生首先应该沉浸在外部考试招来的年轻学生的清新淳朴中，而且明显内部考生本来也不是组团来的，没有什么理由在学校抱团，何况他们更年长。同样重要的是，外部考生应该多向已经拥有一定职业成熟度的同学学习，后者可能更少了些咄咄逼人的野心。

我们还要再简单谈谈第三种考试，也就是面向全社会（企业界、民选官员界）的招生考试，考生须具备8年工作经验。这种考试尤其具有象征意义，传达了开放的信息，因此必须保留下去。但同时应该避免录取通道的多样性，过于多样会使得主要招生考试的实质空心化。

最后，特别强调的是，如果国家行政学院不进行管理方面的改革，即面对政府时能有更多的独立性，那么支配学院的行政守旧思想是不会减少的（完全战胜行政守旧思想恐怕是空想）。

我们最后总结三点来结束本章。

培养出名副其实的行政精英是保证法国政府与公共行政机构声望的唯一方法，因为高级公务员的声誉、威望会影响基层公务员。

对国家行政学院的反复攻击，其受害者首先是学院出身的高级公务员。这些攻击会削弱国家行政学院，削弱国家行政学院就会削弱政府，尽管有些批评具有一定的正确性。抵制这些攻击的唯一方法就是让国家行政学院重新成为一所无可争议的精英学校，学校的美名不在于其地位，而在于其选拔、培训流程乃至价值观的全面优秀。

在法国历史上，真正行政精英的存在有益于人民，精英们能够与社团主义的各种利益保持足够距离，从而把自己的优秀与威望投入到公共利益中去。相反，行政精英的平庸或无能会引起祸害。

第六章
法国国家行政学院或国家的社会主义塑造

“君君，臣臣……”

——孔子，《论语·颜渊》

在公众意见中，毫无疑问国家行政学院是一所右派学校。公众意见往往把“权力”等同于“当局”的概念，也因此认为权力是右派政治文化的一部分，无法想象权力会有其他概念。这符合以下看法：公众意见让政府行政变得部分盲目，因为公众认为行政的使命在于施行法律，依法平等对待所有人。公众可以指责政府行政的生硬、冷酷和距离，但实际上，公众深知其守卫者的位置，因而，如果进行一场改革，旨在把行政变得充满理解和同情，那么该改革会遭到最大程度的质疑。

因此，当公众得知国家行政学院其实是左派学校，并且是根深蒂固的左派时，这必然引起巨大震惊。当然国家行政学院不是一开始就是左派。让-弗朗索瓦·凯斯勒认为，作为三党联合政府以及戴高乐主义的嫡子，“国家行政学院诞生于左派，反对第三共和国的行政高层，因为他们对1940年第三共和国政府垮台和1940年后的叛国有罪”。[①] 这种关于左派孕育国家行政学院的看法是绝对错误的，属于左派编织的神话。首先，国家行政学院的第一个法律草案是1937年出现的（初始草案1936年8月1日问世，随后公务员与大学教员组成的委员会完善了方案；米歇尔·德布雷是委员会成员）。第三共和国垮台后的1940年至1945年其实有助于启动改革，改革的条条框框当时已经在孕育中了，但留给改革的时间其实非常短暂，凯斯勒指出，米歇尔·德布雷考虑到草案会遭遇大量反对意见，因此他认为草案必须在1945年底前获得通过，否则就会被葬送。然后让我们看不明白的是，第三共和国的行政高层在这方面本来应该更加右倾，而不是左倾。这时我们才知道，第三共和国行政高层被新生共和国的新政治力量侵蚀到何种程度。最后，需要提醒的是，正是左翼联盟投票全权支持贝当将军。

各个政治力量之间的妥协最终使得1945年国家行政学院草案得以通过，充分考虑了左派的要求（特别是内部选拔）。但米歇尔·德布雷的初始草案在那时候既不被视为左派，也不算右派。然而按今天的标准，这份草案属右派，因为里面包含德布雷关于道德教育的想法，这些想法曾经被认为是“左派”意识形态格局的一部分（第三共和国创立者们当中的左派要是看到20世纪60年代以来左派在道德教育方面盛行的一些思想，恐怕要气得在坟墓里面坐起来）。

不，国家行政学院不是一所创办初始就是左派的学校，而是

---

① 让-弗朗索瓦·凯斯勒，《最坏的制度……除了所有其他的》，阿尔班·米歇尔出版社，第13—14页。

一点一点地被左派捕获、利用，从而形成了与公职部门、所有行政高层一致的左派形象。

在这段历史插叙结束之际，我们要在此提出一个问题，有关国家行政学院学生与政治之间的关系。这个问题分两个不同角度：一是学生的政治化，也就是说学生的主导政治倾向是左倾的；二是他们与政治权力之间的关系。然而，我们这里不涉及国家行政学院校友与政治之间的关系问题（通常批评是针对学院毕业生在政界的过度曝光），该问题经常被争论并且与国家行政学院的培训工作没有直接关系。

全体，向左看齐！

让我们从事实出发：自 20 世纪 70 年代以来，国家行政学院学生的政治观点总是大部分偏左（可能 70 年代以前也是如此，但是我们没有相关数据）。

国家行政学院在校生分别于 1995 年、 2002 年、 2007 年的总统选举之际组织了逆反票。我们认为这些数据比较充分，构成了评估国家行政学院各届学生政见的最可靠来源。

1995 年，利昂内尔 · 若斯潘在国家行政学院选举中第一轮投票就以获得了 87 票中的 47 票而被选出。罗贝尔 · 于获得了 6.9%的选票，竟与爱德华 · 巴拉迪尔[①]持平，因此得票数排在了第三位（共产主义在国家行政学院没有消亡！）。雅克 · 希拉克则获得了 17 票（19.5%），阿莱特 · 拉吉耶与多米尼克 · 瓦内各 4 票（4.6%），菲利普 · 德比列尔斯获 3%选票，雅克 · 舍

① 爱德华 · 巴拉迪尔，法国共产党领导人。——译者

米纳德获 1.1%选票。让-玛丽·勒庞 0 票。再看看全国大选第一轮投票的结果：雅克·希拉克获得 20.84%选票，爱德华·巴拉迪尔 18.58%，利昂内尔·若斯潘 23.30%。全国总统大选第二轮投票，希拉克获得了 52.64%的选票。

2002 年，利昂内尔·若斯潘再次过关斩将，在国家行政学院选举的第一轮和第二轮投票中遥遥领先，而雅克·希拉克位列第三，居弗朗索瓦·贝鲁之后。在全国范围内，利昂内尔·若斯潘在第一轮投票就落败，第二轮投票的对决在雅克·希拉克与让-玛丽·勒庞之间展开。

在 2007 年，总统大选第一轮投票中，国家行政学院的两届在校生以 48.1%的选票拥护塞格林·罗雅尔，尼古拉·萨科齐排名第二，仅获得 24.5%的选票，而弗朗索瓦·贝鲁第三名，获 18.9%的选票。在第二轮中，塞格林·罗雅尔过关斩将，获得 59%选票，尼古拉·萨科齐获得 41%选票。而全法国当时是 53%的选票支持尼古拉·萨科齐。

自 20 世纪 60 年代后，国家行政学院的政治倾向从参考作者和每届命名的选择中就可见端倪：左派政治倾向的参考文献数量大大多于右派的参考文献数量。这里我们保证统计的是政治倾向无可争议的文献，例如让·饶勒斯、莱昂·布卢姆、莱昂·甘贝塔的文献；还包括了大革命恐怖分子，例如罗伯斯庇尔、圣-朱斯特的文献。然而，从没有一届选择波拿巴或者拿破仑这样的名字作为本届的代称，可以说试都没试过，即使拿破仑创建的机构总是毕业排名中名列前茅学生的心仪去向——这些机构包括最高行政法院、审计法院、省政府、金融监察部等。令人好奇的是，弗朗索瓦·密特朗也没有成为国家行政学院任何一届的代称，难道因为密特朗是左派中最右的人？

作为总结，我们认为让-弗朗索瓦·凯斯勒在最近他出版的著作中的看法与事实不相符，他认为："事实上，毕业生总体上分成左派和右派，就和其他法国人一样。"[①] 他还写道："多亏了国家行政学院，行政高层能更好地展示国家形象、更多元化。"[②] 让-弗朗索瓦·凯斯勒的合理担忧在于如何确保国家行政学院在面对最具煽动性、最没有根据批评的时候捍卫自己。但是这样的担忧在事实面前不堪一击：我们无法切实保证国家行政学院学生像其他法国人那样投票， 3 次总统大选投票，他们都以绝对多数票选择了左派总统，而事实是，法国人选择了右派总统。

国家行政学院，供左派高级公务员进修研究生学历？

国家行政学院学生政治左倾如此明显的源头在哪？通过每一届的学生构成，很容易找到答案。一方面，来自内部考试的学生已经是公务员中的左派，投票主要由社团主义者掌控，因为左派传统上是公职部门地位的捍卫者，而且特别喜欢保障基层公务员。另一方面，外部考试的学生大部分来自文科专业，文科生里面左倾为多数，确切说是"波波族"类型[③]，就像大量招收外部考生的巴黎政治学院，还有巴黎高师也大量招收这种类型的学

---

① 让-弗朗索瓦·凯斯勒，《最坏的制度……除了所有其他的》，阿尔班·米歇尔出版社，第 105 页。

② 同上书，第 116 页。

③ 还有必要介绍一下"波希米亚式的资产者"这种城市富裕时髦的新阶级、左派政治的新后备人才基地吗？

生，同样也是左倾学校[1]。在2007年总统大选中，巴黎政治学院学生会组织逆反票活动，收集了327张选票，结果明显佐证了我们的看法：塞格林·罗雅尔获39.8%支持率，遥遥领先；弗朗索瓦·贝鲁紧随其后（26.6%），最后是尼古拉·萨科齐（18.7%）。

在国家行政学院还有巴黎政治学院存在众多左派人士的事实引起了两方面问题：

第一方面，这种倾向引起了政治民主的问题。我们精英制度里那些高傲自大的左派们熟练地把批评矛头指向“民主化”的问题，就是说，他们要求社会与种族更加多元化，然而稀奇的是，我们从来见不到他们担忧巴黎政治学院还有国家行政学院招收的学生不够政治多元化。国家行政学院每年向国家机关输送一批批高级公务员，可是他们中大多数人的信仰不能反映出法国人长期的信仰，至少不能反映国家选举时的法国人态度[2]。精英与民众之间存在如此明显的裂缝，且持续加深。

第二方面，国家行政学院各届学生构成的这种政治色彩必然维护了社团主义，因为左派是公职部门公务员数量与地位的警觉捍卫者，而且全部不太支持行政改革。国家行政学院是左派这一事实与国家行政学院不愿意成为精英学校的事实之间，不是没有联系，国家行政学院盛行一种对追求卓越的本能怀疑，甚至具有

① 皮埃尔-亨利·西蒙向我们展示了令人惊讶的证词，他意识到巴黎高师左倾政治的延续性：“实际上，作为巴黎高师的学生，当时，我的特立独行不在于我是政治斗争积极分子，而在于我竟然是个右派。”另外，我支持右派反对“巴黎高师左派的因循守旧，这种守旧的口吻真是刺耳”。那时是在1925年。节选自《我所相信的》，格拉塞出版社，1966年。

② 我们这里要提醒：在第五共和国的50年中，左派只赢得了3次全国性选举：1981年、1988年和1997年。

某种平庸的口味。在国家行政学院，大家对某个出类拔萃的学生总抱有怀疑的态度，大家喜欢对他的作业或考卷吹毛求疵，去发现一些不正确的表达方式和拼写错误。这是学院向普罗大众致敬的方式。

我们在国家行政学院能否当一个右派？能，前提是不要在上学的时候过于夸耀自己的右派身份，“表明右派身份”很少有回报：我们在国家行政学院当右派，总有一些少数派的意思。我们还要指出，争取进入大的国家机关工作，尤其是最高行政法院，那是国家行政学院左派人士相互竞争的自留地[①]。为了能在外部考试中胜出，每个人都付出了巨大努力，在进入国家行政学院学习后，就必须学会较好掌握那些左派精英的象征性规则与潜规则才能进入大机关工作，左派精英们都是些国家干涉主义派和城市资产主义者。

确实，右派从未试图以系统的方式深入国家机关工作，而左派做到了这一点。这是因为与左派相比，在右派的文化中，天生少一些领导力，少一些干涉力，少一些专断力，也就是说，右派不认为国家具有合法性或者权力去改变社会，抑或对源自私人领域的势力进行干预。与左派传递的神话不同，在右派那里，保卫共和联盟[②]（RPR）领导下的国家永远不会像社会党领导下的国家那样，从密特朗上台到今天，一直不遗余力地在绝大部分高级

---

① 2007年5月23日《费加罗报》一篇文章名为《爱丽舍宫眼皮底下的办公厅》，作者是克莱尔·博美拉尔和查尔斯·翟谷。文章总结了2007年总统选举后各部委办公厅的组成：“最后，如果说金融监察部和省政府的派别构成还算均衡，那么比起来，最高行政法院的构成就很不平衡。爱丽舍宫都注意到：最高行政法院主要是左派。”

② 保卫共和联盟， 1958年由原法兰西人民联盟骨干分子建立的法国资产阶级政党。——译者

公务员中引导自己党派的思想。

从国家行政学院如此政治左倾的现象中，我们能得出哪些结论呢？是否应该着手进行政治再平衡——大力录取更多右派学生？回答是否定的。政治总是在试图操纵招生条件，把条件设定为他们倾向的选择（特别是左派，出于我们已经提到过的文化原因；而右派已经放弃这个问题，主要是出于漠视的态度，倒不是出于德行。）我们认为，所有对于秩序的操纵都是有害的，因为这必然背离优秀的标准①，而优秀应该是选拔承担国家重任的人才的唯一标准。职业生涯的进展与招生录取不同，提拔越来越多地取决于高级公务员的政治靠山，当然，这属于某种政治风俗的演变，未必是负面的。而且，我们不建议任何以修正国家行政学院各届学生政治组成为目标的行动。国家行政学院真正的改革是把优秀置于一切录取标准之上，首先是要改变以满足意识形态或者社团主义的要求作为唯一目的的现象。

国家行政学院毕业生和政治权力

现在我们来分析国家行政学院学生与政治之间关系的第二个层面：他们与政治权力的关系。我们可以概括为两方面：对政治抵制，对行政服从。

对政治的抵制表现为一种浸透国家行政学院的信念，它把国家行政学院视为高级公职部门的一部分，认为行政面对国家和政府的时候具有自治性。国家和政府源自行政，而行政的存在只依

---

① 应指出 1971 年改革（增加内部考试录取人数的改革）以及 1999 年改革。后者取消了内部考试中的论文题型，而增加了对撰写公文摘要的考查，结果是有利于行政专员，而不利于教师群体考生。表现出改革与录取优秀人才毫无关系。

赖其自身，不依赖其他。这里不涉及传统的行政保守主义，行政保守主义的出现是因为官僚机器占据极大比例，而在所有大型机构，无论公共还是私营部门，都存在行政保守主义。当政治权力愿意去除行政保守主义的时候，政治权力是有办法做到的。这种行政保守主义经常成为政治权力的替罪羊，事实是，政治权力自身几乎不愿肩负艰难改革的使命。在法国历史上，人民从来不会宽恕对保守主义势力无能为力的政治权力，反复的批评对保守主义力量不起作用（路易十六被砍头成为反对保守主义的开端）。这里涉及的是另一个更加强大的因素：政府的意识形态导向，从最高层到最低层，都信奉左派的国家干涉主义。国家行政学院每一届学生的政治构成当然对此要负首要责任。左派的国家干涉主义是一种信仰，认为国家能够通过补偿的方式治愈一切社会丑恶，它还认为通过大众投票产生的各种集体决策无论如何都不能被质疑。这种意识形态在过去的20年中很大程度上限制了行政改革，秉持这种意识形态的政治应当对此负完全责任。改革的执行力实际上完全取决于政府行动落实的能力，然而政府本身只是部分地参与改革，因为政府自身不仅要面对工会的抵制，还要保护公务员身份地位，而且各届政府都有短暂性的特点。

我们希望的是，政府不应从属于潮流与思想的种种偶然。我们甚至应该在执行方面放慢一些脚步，像世界其他地方那样，在缓慢中甄别出哪些是时代背景下的政治决策，哪些是持久的公共选择。更重要的是，未来的高级公务员作为政治权力的直接仆人，应该明白他们不是进入政府工作，而是为国家工作，通过工作为人民服务。政府不是国家，为国服务有时候需要抵制政府，而高级公职部门应该听取社会清晰表达出的憧憬与选择。这一建议对其他社团主义及意识形态色彩比高级公务员部门还要浓郁的职业机构也适用（我们指出的这种机构是不是让人联想到省政府的罢工或者示威？）。

高级公务员在面对政治权力时所表现出来的这种独立性、典型性象征可以在高级公务员的身份演变中找到。1945 年 10 月 9 日法令这样表达高级公务员的使命："依据政府公共政策处理行政事务，准备法律法规草案以及部委的决议，撰写必要的行动指示，协调和改善公共服务的运转。"相比较而言，1999 年《公务员身份地位法》中所有涉及政府的内容都消失了，只留下了行政权威部分："高级公务员在国家各级政府与行政机构中行使部署、领导、鉴定、考核等职能。因此，他们在高级领导和中央政府领导的主管下，行使各项职能，包括公共政策的设计、实施、评估，特别是要保证各项工作的部署、主持和协调。"然而，这一文件混淆了公务员地位的从属性与官阶（因为中央政府领导中，许多也是高级公务员），该文件也造成了行政机构与权力机构之间的互相替代，让人误以为，一名高级公务员只对其上级报告，不需要向部委或政府报告，从而更不需要对法国人民负责。我们认为，重新拾回 1945 年法令精神是显而易见的，只有这样才能终止高级公务员身份地位法中的社团主义倾向，并在事实上更接近法兰西国家的共和观念。

高级行政机构的政治化日益加剧，多少可以被视为反抗政府治理方式的一种后果①，因为政府往往寻求那些不会对其政策产生阻碍的人员。另外这种政治化也是左派在政府内挑起左右之战的结果，因为左派比右派有更加系统的手段任命亲信，而在所有

① 政治化主要在我们看来，是公职部门内部歪曲平均主义、不与他人分享的一种手段，它只论资排辈，阻止了有才能的人向上攀爬。

实权岗位中，右派很难找到和自己站一边的高级公务员。数据是最有说服力的：在若斯潘执政期间（1997—2002），145名前左派内阁成员被任命到高级公职部门，占当时任命的高级公务员总数的2/3，剩下1/3中的绝大多数与右派没有关系。若斯潘时期，政府替换了87.5%的中央政府官员（112名中的98名）①。恐怕应该瞧一瞧2007年总统和司法选举（扩大深化变革）之后，占据重要政府职位的国家行政学院毕业生有多少会下台，结果显而易见，因为国家行政学院长期看重左派，这使得学院出身的右派政治人物在数量上很难突显。

很明显，这样的操作伤害了法国公职部门的中立传统，该传统如今已经成为过去式。公职部门的政治化现在扩散到等级制中越来越低的层级。②

从国家行政学院这种变化中可以总结出什么？

处理这个问题有两种方式：认真考虑这个问题，或者干脆撇去不谈。高级公职部门的中立性属于非学校教学内容，因为这是体制运作形成的规矩，学生必须遵守，任何一种教学指令都不能改变这种中立性。因此，学生方面和政治权力方面都应该行动起来，应该让学生感到，进入国家行政学院就意味着要为国家、为法国人民、为政府服务，而不是为了行政服务，正如《公务员身份地位法》所要求的那样；政治权力应该信任可靠的高级行政机构，而可靠的高级行政机构是指那些关心人民意愿、推进改革的机构。因此，高级公务员与政治权力之间应该建立相互的信任。

---

① 来源：奥利维耶·波尼翁，《社会党人是如何保卫高级公职部门的？》，收录于《费加罗报》，2002年3月6日。

② 来源：皮埃尔·克谢特，《应当存在法式“政党分赃制”吗？》，收录于《公共行为体》，第30期，2007年1月。

高级公务员越少倾向社团主义和意识形态，政治权力就越少需要谋取政治忠心。

因而，应采取简单而实际的举措，这一举措可能看起来微不足道，但是又十分关键：应该改变国家行政学院欢迎新生的方式。

在现行体制下，学生已经被入学考试折磨得精疲力尽，他们成功通过考试后，学院院长迎接新生却不举办仪式，仅仅做一番例行公事的讲话，然后其他活就让同事们干，让他们发放一堆堆乱七八糟的废纸给学生填写，还有各种陈词滥调的推荐（住房、各式各样的注册表）。这种迎新形式根本与共和国的精英学校名头不相符合：就算有为国服务、担当重任的念头，经过这种迎新都会泄气。

应当给予入学新生一个隆重的仪式，让他们感受这庄严的时刻，其程度要符合他们的努力和未来担当的责任，让他们将自己的职业使命永远铭记在心①。如果学院的新生得到政治高层、执政代表以及立法机构人士的欢迎，那么学生将印象深刻并受益匪浅，而现在仅仅是学院院长致辞，他只代表狭隘的行政部门，而且只是代表中央政府的行政领导。假如组织设想中的迎新仪式，学院院长第一个出席，紧接着是国民议会主席或者其代表，目的是通过自己的职位提醒学生们：他们服务的是法国人民，他们的工作是服务公共利益，他们的薪酬是从国家财政中抽出来支付的，一切都要符合《人权和公民权宣言》的内容②。最后，最理

① 越来越多的大学举行颁发学位的庄严仪式。

② “第 13 条：为了公共武装力量的维持和行政的开支，公共赋税是不可或缺的。赋税应在全体公民之间按其能力平等地分摊。”以及：“第 15 条：社会有权要求一切公务人员报告其行政工作。”

想的是共和国总统致辞并结束迎新仪式，总统是执政领导人，所有高级公务员都附属于他，总统又是国家的持久代表，三军统帅和所有机构的保证人（总理只负责昙花一现的政府）。通过迎新仪式，同样重要的是，政治当局再次表达了对国家行政学院的重视。在可预见的未来，国家行政学院的学生占据的政府要职很可能会比过去更少一些，但是他们仍然会自动成为国家行动和享有威望的排头兵。国家不存在全面深入的持久政策，而那些对高级公务员培训漠不关心的政治人物最终只能是大忽悠。

第七章
使入学考试现代化

“最难的艺术不是选人，而是赋予所选之人他们应有的所有价值。”

——拿破仑·波拿巴

我们恐怕会惊讶，招生的问题怎么没有更早些提出来，这是因为高级公职部门的招聘原则在前面的许多章节中已经加以探讨，接下来我们会进一步展示这一问题。入学考试的方式很大程度上决定了希望招收学生的类型，但也不是唯一的因素。考试方式在过去经常随着政府主导意识形态的变化而遭到更改，回顾过去只是出于历史趣味。我们更须聚焦于当下的考试情况、招生的不足之处，以及获得更好结果的手段。

我们可以从三个角度考虑招生问题：学生的社会特点、学生的总体水平、学生的知识特点。我们只分析外部考试，因为内部考试更多是选拔而不是招考。

社会特点

很遗憾，招生问题的三大要素中只有“学生的社会特点”这一问题以“民主化”为议题被纳入了公众辩论范围。该问题是左派知识分子的老话题之一了，布尔迪厄在这方面充当了发言人，他反驳入学考试的民主特点。他把入学考试看作资产阶级精英的祝圣仪式，而非基于成绩进行的选拔。对这个问题的讨论似乎逐渐偃旗息鼓，然而移民后代社会融入问题的出现又使这一问题成为讨论的焦点：巴黎政治学院首创了入学考试之外的平行录取通道，即教育优先区的中学毕业生可以直接通过材料审核入学。这成为精英学校的一个突出现象。国家行政学院是怎么做的呢？毫无意外，学生的社会职业层次背景不能反映全体民众，结论是，国家行政学院几乎没有工人子弟。在这方面，国家行政学院没有展现出不同于其他精英学校的社会学特点。考虑到来自内部考试的学生常常来自经济条件、社会地位更差一些的家庭，国家行政学院的确存在更加开放的倾向。另外，国家行政学院很可能是欧洲唯一一所对社会招考最为开放的行政精英学校。我们的一些欧洲合作机构对半官方地预留精英位置给“继承者们”这档事，没有任何情结。

如何总结巴黎政治学院“优先教育公约”这一举措对国家行政学院的影响？

我们非常理解巴黎政治学院的想法，这一举措在事实上而不仅仅是在原则上使得录取更加公平。然而，创设平行录取通道，尽管在目的上值得称颂，却并不符合按绩效择优录取的原则，而该原则是共和主义公约之核心。创设平行录取通道将带来一系列配额制度的政策衍生品，根本上是不公平的，因此，仅仅使少数派受益表现了更大的政治极端主义。在巴黎政治学院，谁又为农村的经济落后地区创立同样的录取机制呢？巴黎政治学院推出这一举措的效应已经显现，其中的信息已经被传播，然而不得不承认：我们试图把来自移民家庭的学生放入社会上升通道的努力失败了。与其仅仅创设一个“优先教育公约”，更应该创立专门针对来自文化薄弱地区的学生进行考试补习的中心，让他们拥有更多的机会，这样的举措才完全符合学校的使命：可能性的均等，更确切地说，是机会均等。试图补偿最明显的不公平是正常的，但是请注意，不要去创造新的不公平。如果国家行政学院也去创设一条损害入学考试的平行录取通道，那将会与共和主义传统背道而驰，同样也违背了公平性原则；因为国家行政学院类似雇主，它有能力直接提供公共职位，与巴黎政治学院不同。假如国家行政学院囿于录取配额，那么公共部门职位（或是私营部门职位）的录取直接通道就会被牵扯进政治倒退的漩涡中。

那么国家行政学院的各届学生构成是否应该体现法国人民的构成呢？如果能，那是最令人满意的结果，但是不论何种情况，这都不应该成为录取过程中高于一切的专属目标。我们应该拒绝乌托邦式的平等幻想带来的知识恐怖主义，这种乌托邦实质上是极权制。我们可以这样简单地说，国家行政学院不可能同时既择优录取又采用配额制[①]，否则就违背了共和国的传统，例如在《人权宣言》第 6 条这样写道：“法律是公意的表达。每一个公民皆有权亲自或由其代表去参与法律的制定。法律对于所有的

① 目前国家行政学院已经存在 3 种类型的考试：外部考试，以精英选拔著名；内部考试，以照顾社会阶层著名；第 3 种考试。

人，无论是施行保护或是惩罚都是一样的。在法律的眼里一律平等的所有公民皆能按照他们的能力平等地担任一切公共官职、职位与职务，除他们的德行和才能以外不受任何其他评定标准的制约。”

应当接受这样的思想：一名工人的儿子希望进入国家行政学院，那么在学习期间，与出身更加“有利”的社会阶层的学生相比，他必然要付出更多努力，而奖学金制度就是为了帮助这样的学生才设计出来的。这并非根深蒂固存在着的不公平，因为那些家庭依靠勤奋工作，有时候甚至是几代人的辛勤工作，才积累了一定的社会资本，然后惠及子孙，这不算不公平。另外，传统的法国社会阶层向上流动，可以此为例：祖父母是工人，儿女是小学教师，孙辈是白领。然而承认所有社会都具有不公平的特点这一事实，不代表承认不公平的模式，机会均等仍然是精英学校的首要任务之一。所有人，不论出身，只要有成功的雄心和愿景，那么学校教育体系就应当为他们提供考取精英学校的均等机会。

对于通过几代人努力获得成功这样的事实，左派是普遍不接受的。左派认为社会阶层上升应该面向所有人并马上实现。在左派的思想意识里，移民代替了工人，当移民一踏入法国领土，如果社会不能马上向他们提供国家的最高领导位置，社会就是不公平的。在这方面，某些空想理论家的理想恐怕是彻底扭转代际社会阶层流动：既然白领的子女已经具备文化优势，干脆禁止他们上精英学校？当我们分析这种观点，很容易发现其中的极权维度，那是悲观情绪与暴力散播的源头。因为他们认为，理想社会是围绕着不同社会阶层代表这一唯一标准运作的，在这些社会阶层中特别要突出“条件最差”的阶层。事实是，把视线和批评转移到巴黎政治学院或国家行政学院录取学生的社会阶层组成，这倒是挺容易的。难的是去承认社会阶层上升困难的真正原因在于我们教育水准的全面倒退。请注意，让-弗朗索瓦·凯斯勒认为："国家行政学院（以及其他精英学校）的录取是民主化的倒退，应归因于在大约两代人的时间中传统精英学校的消失。"[①] 他这么说当然没有错，但是，"传统精英学校的消失"应该被重新放到执行了数十年的失败的城市重建政策这一背景下去考虑，这样我们便知道其实问题不在于教育体制。另外，不应忘记，不管怎么说，法国制度仍然是最有利于机会均等的制度之一，无论从教育福利还是整体教育水准。

的确，当国家行政学院被理所应当地视为权力的学校，那么社会阶层代表性的迫切需要应该到何种程度才算正当呢？许多人认为国家行政学院是政治的学校，学生毕业后不需要通过投票，就可以担任议员或者部长职务。然而，虽说绝大多数学院校友未来可能是要从事体面的职业，但是，和过去一样，只有其中的一小部分才会达到政治权力的实权岗位。国家行政学院的确拥有走向政府权力岗位的优先通道[②]。人们期待的政府，首先是一个高效的政府。如果这个政府能够代表民众，那最好。但这个问题并不是指导招生录取方向的首要因素，有关代表性的问题，有一个地方最热衷表达，那就是选举场合。为什么人们要强迫国家行政学院达到代表性的种种条件呢？其他任何一个精英学校都没这样做，何况这些条件还是政治性的。

---

① 让-弗朗索瓦·凯斯勒，《最坏的制度……除了所有其他的》，阿尔班·米歇尔出版社，第 181 页。

② 当然，也要考虑到工程师小集团占据了装备部、农业部，军方人员小集团占据了国防部，大学教师小集团占据了教育部等。

理所应当鼓励社会流动性和社会上升，不仅仅是在国家行政学院，但是鼓励有两个前提条件：第一个条件，不应该在与不平等斗争的时候创造新的不平等。社会本质上是不平等的，这也成为社会活力的条件之一。“不平等”不总是“不公正”的同义词，也就是说，国家会补偿不公正，但是不会以专制手段修正社会，从而让社会去符合意识形态的路线。假如这样做，那么结局也是众所周知的。第二个条件，鼓励社会阶层流动不应建立在对职业与技术部门的歧视之上，现在就是这样的情况：左派认为在综合部门还有大学工作很荣耀，而认为泥水匠、细木工、冶金工人、渔民、农民、肉品商等（清单上的职业不胜枚举）则代表低层次，是万不得已才做的工作。总之，如果同龄人没有成为法学博士就是不公平（我们对于这种看法的经济学谬误，就不展开论述了，尽管这种看法广为散播）。一个健康、平衡的社会应当引导年轻人进入各种各样的岗位，只要是社会需要而有利于社会繁荣的岗位都可以。社会应该对所有的职业和工作部门怀有同样的尊重，只要这些职业对社会有益。国家的任务，就是向所有想要承担高级岗位的人（不是所有人都想成为国家行政学院毕业生、律师或者金融经理，左派总是自作主张，用自己的信仰替换人民的意愿，总觉得自己比人民更懂得幸福的道路通向何方……）创造一切可能。国家要做到这一点，当然是要通过从小学入学到大学毕业一贯择优录取的教育机制；通过基于成绩的奖学金制度，这种奖学金制度让那些经济条件很差的学生能够在最好的条件下准备入学考试。相反，知识社会不是靠教育水平平均化建设起来的，也不是靠毫无条件地分发助学金以求获得良好成绩的办法建设起来的。

与惯性思维不同，国家行政学院毕业生的子女必须付出极大努力才能通过学院入学考试，而且不是一定就能保证成功。对于已经成功通过各个学习阶段的学生来说，没有什么考试是不可逾越的。但是问题就在这儿：因为法国中等和高等教育制度已经堕落，出身于最底层的学生面对国家行政学院这样的入学考试，越来越感到无力。所以我们应该怎么做？国家行政学院不必为中等和高等教育制度的失败买单，不必像巴黎政治学院那样创设平行录取通道，结果降低了入学考试的门槛。巴黎政治学院的这种办法恐怕既不公平，又会产生反效果：结果是大量有潜质的优秀考生流向了私营部门。我们在这里展开的是一场意识形态与政治的争论，简而言之：一方面，我们反对左派，因为左派往往想要所有精英学校都开个“折价窗口”，从根本上损害择优选拔的原则；另一方面，我们也反对右派，因为右派希望保留通过考试选拔优秀的传统，而不去关心每届的社会阶层构成。国家行政学院当下的招生情况使学院成为左派培养高级公务员的理想基地，这倒是限制了左派在国家行政学院扩大其意识形态原则，这也解释了为什么左派对国家行政学院几乎没什么批评。

总而言之，我们认为，入学考试的原则是保证某种程度上的公平公正以及择优录取的唯一选择。考试可以逐步改进，但是打破考试原则的举动（指定录取，正向歧视等）将会结束目前公平与优秀的脆弱平衡状态。这就是为什么我们坚持只单纯笔试录取的原因，以防止面试环节出现随意性。

入学考试的总体水平

让我们分析录取的第二个方面，也就是考试的总体水平：不论家庭出身或学历背景，如何吸引最优秀人才参加考试？达到目的的唯一办法是保证国家行政学院对一定数量的高级行政岗位就业的垄断。否则，学院的考试就要和那些不太出名的入学考试看齐了。这里涉及两方面：一方面，直接进入大型机构的通道必须被保留，这些大机构的位置极富号召力，吸引最有雄心壮志和最具天赋的学生（这倒不是说所有这些人都能通过入学考试，也不是说他们毕业就一定能去大型机构，毕竟学院的毕业标准与入学标准是不一样的）。直接进入大型机构工作这一条已经颇受诟病，但是我们认为这些批评没有根据，因为至今没有任何证据表明年轻的国务委员在能力上不如他们那些经过外部提拔上来的同僚。所以这并不是直接进入高级工作岗位的问题（例如，既然我们难以想象一名巴黎综合理工学院的毕业生一毕业会在装备部的某个局里担任技工，那么为什么我们会要求国家行政学院的毕业生从最底层做起呢？），而是在整个职业过程中，毕业生通过毕业排名获得的“任务”具有过分的承袭制的特点。另一方面，如果我们想要继续吸引人才参加国家行政学院的入学考试，那么就要注意学院能否在学生毕业的时候提供与他们能力相称并且有真正吸引力的工作岗位。这恐怕比较难实现。因此，应当有针对性地成立国家行政学院考试暨毕业生岗位认定委员会，目的是优先向优秀毕业生提供岗位，例如省政府、外交部门的工作以及部委的真正高级职位。然而，只有当内部考试真正得到削弱，才可能有这样的良性变化。因为这符合一些岗位必须尽早入行的要求（例如外交部门），还因为一部分出身内部考试或是第三类考试的学生考虑到他们的家庭责任，会更加乐意去选择限制较少的岗位，但其实对于这类岗位来说，学院的培训并没有带来太多附加值。

知识特点

我们还需要讨论国家行政学院入学考试的知识特点，即学院希望录取的学生掌握哪些知识。目前，外部考试由录取笔试和面试两部分组成。笔试由长达5小时的5场考试组成：公共法、经济、人文通识、欧洲问题或社会问题（公文综述）、选考科目（外语、历史、行政学、财务等）。面试有6个项目：交际、外语、国际问题、欧洲问题或社会问题（根据笔试的选择）、公共财政、体育。考试一般在每年9月到12月间举行，考试时长和考试内容要求考生具有一定的体力和精力，以及较理想的考试准备程度。其实，考试检测考生的方方面面，要求考生必须提前满足一定的知识量。

根据外部考试目前的限定条件，录取其实主要针对有这些特点的学生：综合素质不错，毕业于巴黎政治学院，参加考前预备班，未必掌握良好的外语。这样的考生特点符合国家行政学院的需要吗？其优缺点是什么？

考试的总体布局应当被保留，特别是5场笔试的要求。考试内容量虽然很大，但是完全符合未来工作岗位的选拔要求。在同等水平下，直到考试结束，考生会依据各自抗压能力和体能水平产生分化。

人们经常批评入学考试特别有利于“巴黎政治学院”特点的学生，的确如此，尤其是因为对高专业水平知识（不是工科方面）的要求，例如公共法、经济和人文通识，这些都是巴黎政治学院的强项，而普通大学教育的学科性更强，对于多学科知识的教学较薄弱。不过不要陷入这种批评的意识形态陷阱，否则会把问题本末倒置：国家行政学院不是寻求有巴黎政治学院特点的学生，它寻找的是普通大学教育一直拒绝去培养的那种知识类型。倒不是国家行政学院要让入学考试内容满足（一直没变过）各种还淳反古的意识形态要求，是因为大学做不到这些。国家行政学院应该依据高级行政岗位必备的特点来组织考试内容。只有基于这样的要求，我们才能反思入学考试内容，然后把要求传递到巴黎政治学院、各个商学院以及大学，让他们的考生尽力按要求准备考试。我们在下文将建议缩减入学考试量，其中一个目的自然是扩大招生的范围，让具备其他特点的学生也能拥有参加考试的机会。

笔试组的第一缺点是缺少对外语书写能力（目前只是选考科目）的考查。这意味着在其他科目考试成绩一样的情况下，一名在行政学（该科目题材晦涩、内容模糊）考试获得 15 分（20 分满分制）的学生比在英语或者德语考试中获得 14 分的学生排名更靠前。我们坚持认为一名高级公务员必须能够掌握至少两门外语，特别是当他进入一所自诩为“面向欧洲的政府治理学校”的精英学校学习，而“面向欧洲的政府治理学校”这个超级名头可是拿破仑赐予的；但我们的坚持恐怕是徒劳的。然而沿着这个思考逻辑，这就是为什么是时候把欧洲问题作为考试的主干内容了！我们一直如此建议。人文通识考试应当保留其原有位置：是入学考试的第一门，但是考生已经在心中把它降为第三重要的考试科目。其实，把这门考试排在至少第二位是完全合理的，目的是突显该门考试的重要性，因为这门考试内容符合我们对“道德教育”的反思。

公共法也应该保留其原有位置：该科目构建了高级公务员的学识框架，有益于终身职业生涯。

最后，我们觉得政治经济学不应该作为笔试的主干科目。因为政治经济学是一门需要坚持温习的科目，否则知识会被很快遗忘，而只有很少一部分高级公务员必须了解这部分知识（而司法知识在行政当中无处不在）。特别是该科目的考试形式已经落伍，无论是从形式还是内容来看，撰写经济学论文恐怕是所有考试科目中最矫揉造作的，宏观经济学除了有关长期公债的持续性这一章节之外，其他内容在高级公务员的日常事务中几乎用不到。当然，这不妨碍国家行政学院在教学中重点教授有关实际经济生活的内容，我们之前也提到过经济情报是必要的。国家行政学院不再培养未来的国企企业家，因此今日是时候汲取教训了。经济学可以在选考科目中占据一席之地。

总而言之，笔试的作用应该是去筛选出具备高级公务员必备特点的考生，而高级公务员应该良好地掌握公共法，有坚实的综合文化功底，至少会说一门外语，对欧洲事务了然于胸。因此，考试应该依次包含五方面内容：公共法、人文通识、欧洲问题、外语、可选考试科目（经济、历史等）。

至于入学面试，主要是根据国家行政学院未来学生应具备的知识基础对考生进行评定。首先，面试要求考生积累极其丰富的知识量，但是考试的目的是从考生中二选一（大约50%录取率），考试内容的要求与考试目的完全不成比例。目前的入学面试突显了学生专业性的缺失，这使得最后录取只按照单一的排名，而无视学生的愿景、能力和特色。缺乏专业性，就意味着学生需要吸收所有知识以为未来毕业后有可能从事的任何一个岗位做准备，结果国家行政学院成了一所只看排名的可悲学校。

以下观念已经过时：国家行政学院的学生保持综合素养很重要，但是他们也应该具备一定专业性。参与欧洲事务的必备前提是，欧洲事务的复杂性容不得半点马虎。入学考试内容的丰富以及在校期间学习内容的充实都是基于一种想象——认为未来的工作具有部际交流的性质，然而实际上职业生涯只是局限在某一个部委中。不管怎么说，我们为了让公务员能够承担多种职业而增加超多的教学内容是没必要的。一名外交官、一名大区财政局顾问或是一名专区区长在上任没几个月以后，就会忘记原来考试临时抱佛脚学的那些社会学知识。这里应该学习英国的做法，致力于以能力录取，而不是以知识。

这就是为什么应该把面试项目从 6 个减少到 4 个的原因，这 4 个分别是：交际、体育、外语，以及在国际问题、社会问题、公共财政当中选取一个。剩余的两项技巧性面试应该被取消。因此，与其让考生们在难度较高的多个学科中盲目追求知识量最大化，不如让他们深入某一个科目，这样对考试评委和考试本身都有更多好处。另外，还应该承认，公共财政和社会学问题对于像外部考生这样没有实践经验的人来说，的确难以理解。他们就是为了考试而记忆大量对他们来说十分抽象的原理，还要在面试环节滔滔不绝地讲半天，其实并不一定真懂（考试评委们的报告也反映了这个问题）。

从以往经验看，我们还认为应该重新评价体育科目。考虑到前面减少了面试的内容量，增加体育分的系数是合理的。

最后，交际科目的重要性应该被保持，但是有些过时了，因为就正式的考试形式来看，好像是古代国王招募大臣，考生与考官谈话更像是受审。目前的考试形式，考生会在 45 分钟里被 5 名考官问问题。每年（通过某种神秘流程）选出 5 名考官，考官的问题是随机的。他们手头有考生的简历，但是考官很少花时间去提有关简历的问题。这些考官每年撰写的考试报告带有恶意，而且总是针对考生对考官的不信任以及考生人文通识水平薄弱这两方面。

提到报告评价不佳，是因为考官对学院外部考生表示惋惜，认为他们不知道第三共和国这个或那个总统的生平，这些考官真是可笑又虚伪。某些考官就喜欢问些老套的问题，还多亏这些问题不是来考他们自己的。这些考官属于老一代人，认为走仕途就要文绉绉的。人们不会要求他们必须同时在企业和政府实习过，必须有在国外学习的经历而且要会外语，必须掌握计算机技能，必须有课外活动（也就是“业余爱好”，特别是人道主义行动，显得非常有档次），符合以上要求的考生在各方面都很优秀。而考官对考生履历的漠不关心也反映出对外部考生形态各异的成长背景缺乏重视与认同。

必须承认，考官确实有理由怀疑考生对他们不信任。在入学考试委员会的考官中，许多人在自己公共事务生涯中形成了一种政治倾向（更倾向左派而不是右派），而交际科目的问题多少会存在政治性。考官当然完全有能力把他们的个人观点与考试评估的工作职能区分开，然而，在 45 分钟的提问环节，考官向考生自由提出所有问题，考生不会轻率地展示自己思想深处的想法，于是在第一反应与观点堆砌之间，出现了细微的分界线。

尽管如此，仍应保留交际科目中关于性格考查的功能，不能单纯依赖技术性考试的结果来盲目得出结论。然而，性格考查需要名副其实，不能只想着去拷问学生；问问题只应该在最开头的 15 分钟进行；在 45 分钟的其他时间，交流应该包括介绍自我经历、兴趣爱好、理想和动机，介绍的过程不应该被考官打断。另外，这也是对考生最起码的尊重，因为他们已经辛辛苦苦通过了如此困难的笔试，迈出了成功的第一步，进入到复试。我们还觉得，每一名考生能够在国家行政学院展现自己的经历是很正常的。就读于巴黎政治学院的学生，随着巴黎政治学院学制改革，从学院的第四年才开始准备国家行政学院入学考试（当然，这些学生因为就是奔着考试去的，临阵磨枪，不快也亮，所以笔试成绩往往有一定的领先）；和这些学生相比，那些已经走过丰富多彩历程的学生并不占优势，所以在参加复试时，需要有机会展示自己的经历。

新鲜原则与独家原则

只有再引入两个补充原则，我们设计的改革才算完善。这两个原则可以被命名为新鲜原则与独家原则。

在国家行政学院入学考试的缺点里面，有一项不为人知，那就是考生可以参加 3 次外部考试， 3 次内部考试（但是总计最多参加 5 次考试），这实在是太多了。最极端的情况是（确实有发生过），一名学生考了 3 次外部考试，均失败了，然而在另一个政府招聘考试中成功了，于是这名学生入职 4 年后借着职位调动，准备了学院的内部考试，最后连考 2 年终于通过。从第 1 次国家行政学院考试失利到第 5 次考试成功，他总共花了 9 年时间，其中准备国家行政学院考试就花了整整 5 年。最多允许参加 3 次外部考试，这就够多的了，理由如下：

第一，考虑到国家行政学院考试的性质，一些学生多年来专门准备考试，如果考试失败，那么转向私营部门工作将非常困难。不应当鼓励学生为了通过学院考试而“专门备考”，特别是应该避免学生只能走考上国家行政学院这一条路，一旦失败，那将是真正的悲剧。因此，非常重要的是让学生不要花费过多的年头去投入考试准备，目的是减少学生考试失利的悲观情绪，同时减少转行或者开始新的职业尝试的成本（现在社会，如果一个学生的简历上有备考国家行政学院3年的经历，那么会严重影响他在私营部门谋取较好的职位）。

第二，录取的学生经过若干次考试的摧残，入校已经疲惫不堪，这对国家行政学院来说也不好。他们到校的时候，应该还很"新鲜"，而不是历经耗脑筋的体制而已然精疲力尽。关键还在于内部考试，也就是说，应避免公务员花费大部分职业时间去通过考试，否则是行政机构生产力的重大浪费（如果我们算上2年的备考时间和录取后的学习时间，那么一名通过国家行政学院考试的公务员差不多5年时间内都没办法好好上班；然而，这名公务员从被录用工作的一开始，是要承担某个特定岗位的职能的）。因此，把外部考试的尝试次数限制在2次，是比较合适的。内部考试次数也设为2次。所有考试（外部考试、内部考试和第三种考试）次数总计不超过3次。

独家原则是指禁止累积考试。累积考试的意思指，已经通过政府部门考试被录用的学生可以接着继续参加国家行政学院组织的外部考试[①]。例如，一名学生已经在巴黎市政府担任专员或者在外交部担任外事秘书，他可以最多参加3次国家行政学院的外部考试。这其实是一种乱象，也是一种不公。说"乱象"是因为原来的用人单位流失人才，如果雇员成功通过国家行政学院考试，那么单位还要进行新的招聘（且不谈雇员经常占用工作时间去准备考试）。说"不公"是因为：一方面，这批公务员学生

① 注意，行政法庭已经有了一种解决方法，行政法庭的参事如果是通过行政法庭的附加考试录取进来的，那么他不能参加国家行政学院的考试。不过很多利益相关人还不太知道这个规定。

占用了那些被公共服务工作吸引而参加外部考试的考生名额，结果导致一些外部考生只好进入私营部门；另一方面，因为公务员学生离开本职岗位到国家行政学院学习，所以他们实际上间接占用了当初可以入选的考生的岗位，落选考生们可能因此永远无缘公职岗位了。再说，对已经入职公职部门的人来说，他们总是有通过外部考试进入国家行政学院的可能。这会让非公务员考生们持续失望。所以很简单，更有好处的做法是对外部考试做出限制，如果考生已经是公务员，则禁止参加考试。因此，如果一名考生已经通过了没那么出名的岗位录取考试并接受了职位，那么他就不能带着一种权宜之计的心态入职。因为如今基层岗位经常录用资格过高者，在等级体制内，这就是冲突与不满的源头，限制考试可以缓解这种录用趋势。所以，限制考试对行政机构也有好处。另一个解决办法是学习商校的联考模式，可以节省时间和公共资源，也能一次性解决所有问题。

最后，录取的问题与其他问题一样重要。与其他围绕国家行政学院和精英的主题不同，入学考试的调整看似次要，然而，录取方式之间的细微差别实际上对学院以及高级公职部门都会产生决定性影响。当前的体制要求我们重新深入思考，如何能够更好地符合当代录取的要求，从而适应我们时代的挑战。

第八章
米歇尔， 24岁，虚拟学生

“没人生来优秀。”

——A. 德·蒙吕克，《格言剧》，第3章、第5章

因为我们已经在前文论述了培训和录取的所有原则，现在来介绍一下我们梦想中的国家行政学院教学应该是什么样的。为此，我们将虚拟一名已经通过改革后的外部考试的新生。我们随意给他取一个常见名字米歇尔，然后跟随他的脚步看一看。我们将借此展示我们关于国家行政学院改革的整体设想，还将展示我们会如何处理至今未处理到位的一些问题，例如实习的形式、教材内容、毕业排名、职业培训等。

2006年改革：求不变

为了更好了解改革计划的总体布局，我们应该预先介绍一下2006年改革出台后的学制形式。我们认为该改革最好地体现了《豹》的经典语录：

“变中求不变。”[①]

在2006年改革之前，国家行政学院的学制由两块组成：1年实习，15个月学习。这个形式自1945年学校成立以来就没有什么变化。

第1年由2个实习期组成：一个实习期是在法国，大部分学生在省长身边工作，可能是本土省也可能是海外省（也有部分学生在地方行政区、协会或者企业实习）；另一个实习期是在国外，大部分去驻外使馆或跨国企业实习，还有一些去欧盟委员会、国际组织或者外国行政机构实习。

从2005年起，教学工作全部在斯特拉斯堡校区进行，位于天文台路的巴黎校区不再承担教学任务。学习时间共分两个学期，学生必须通过一系列考试，第一批考试在7月举行，第二批考试在次年1月举行。次年2月结束学习任务，开启毕业程序。接着，3月中旬结束毕业程序，即举行毕业选派。这是决定性的时刻，根据毕业排名，分派岗位。

2006年改革改变了学制形式，24个月的学习将分为3个模块，每个模块8个月，分别为“欧洲”、“本土”、“公共管理”，最后3个月聚焦“专业”研讨课。

改革引入了3个有利原则，虽然尚不完善：加强欧洲方面学习，因为我们观察到目前这方面内容学习远不能应对法国在欧洲面临的挑战；突出学生个人能力，换言之，在学制的最后3个月专注专业岗位培训，但是这个培训不会影响毕业排名[②]；我们谨

① 唐克雷德的原话是：“如果我们想一切继续，应该首先改变。”朱塞佩·托马西·迪·兰佩杜萨，《豹》，瑟伊出版社，1959年。

② 实际上这涉及建设大量的研讨课程，学生自由选课，有些像儿童的休闲时光：“现在快去，你想干什么就干什么。”

慎支持加强外语学习的分量，而学生达到的外语真实水平的评估是必须的。

其他方面，也存在大量负面因素。

首先，实习阶段与学习阶段的交替是有害的，出于两方面理由。从教学角度看，1 年实习期被课堂教学时间分成若干短暂期，破坏了实习“入行”与“养成”的特色。实习应该是一种有力、连贯一体的经历，有些像军队服役，让习惯于舒适学习环境的学生彻底沉浸在职业世界。实习期分割会引起学生儿童化，这也符合近年的趋势，即通过外部考试录取的考生具有年轻化的趋势。这主要是由于巴黎政治学院为了备考国家行政学院专门设置了“政府管理”专业。因为专业设置，许多学生在巴黎政治学院学习的第 5 年成功通过国家行政学院入学考试，而不是在国家行政学院备考预备班的第 1 年之后才能够成功。当然，我们也不应该低估国家行政学院入学考试委员会或者学院本身（仅仅是一个教学培训机构）愿意招收可塑型人才的意愿。从实践的角度来看，实习与课堂教学之间的交替转换是一种为人熟知的灾难和始终难解的难题。本来学生可能要若干年后工作产生了倦怠感才会战胜自己的意识形态价值观，但是这种交替转换恐怕会把这种感觉大大提前。波希米亚式的生活对 23 岁的单身人士来说很好，但是对更加成熟些的学生，无论他们是通过外部考试还是内部考试进入国家行政学院的，他们都希望在学院寻找一种更加成熟的生活方式，倒不是说更加宁静些的生活。我们希望，这种在几个阴暗的办公室制造出来的“一切为了年轻人”的伪当代思想尽快过时。

第二个负面因素是上述情况的必然结果——实习时间缩短。这是一种教学错误，特别是战略错误，因为与在欧盟机构内长期担任重要岗位的需求不相容。

第三个错误是消失的企业实习又回归了，这是错误的当代思想，我们在有关经济情报的章节中已经进行了剖析。

第四个因素与其说负面倒不如说是没用，因为不管什么情况，第四个因素也没什么坏处，国家行政学院与国家领土研究学院（INET）越来越相似，原因在于两个学校的各自职能易位，或许这与国家行政学院期望夯实斯特拉斯堡校区的位置有关。

最后，改革的总体布局在我们看来具有较大矛盾，一方面强调多重经验（欧洲、本土、企业等），另一方面，个人经历总归需要专业性，而最后毕业排名却与这种专业性无关。这就是为什么我们在改革方案中仍然坚持毕业排名，因为这几方面是相关的，我们应该向学生提供短暂、紧凑、真正的课程，以及名副其实的与毕业排名密切相关的培训。

从根本上说，根据我们的看法，国家行政学院 2006 年“改革”的最大弱点在于没有带来任何新的东西。改革公开宣称的重大原则有“管理”与“专业”。然而，在这些原则背后，我们无法识别出任何能够称得上“改革”名号的东西。这场改革只是学制形式上的简单改革，这注定只能维持我们一直以来的主要传统。另外，媒体倒是没搞错，他们没有对这场烟幕重重的改革给予任何关注。

让我们再回到米歇尔，我们的虚拟学生，第一个从我们衷心期望的改革中获益的人。我们的改革以后应被称为“新学制”或“新体制”，这是对我们之前所有章节中提出各种建议的综合总结。国家行政学院目前的学制源自 2006 年改革，在后文会被称为“旧体制”或者“2006 年改革形成的学制”。

米歇尔，24岁，我们梦想中的国家行政学院的虚拟学生。

在24岁的年纪，米歇尔获得了巴黎政治学院的学位，还拥有一所西班牙大学的硕士学位。他非常成功地通过了国家行政学院入学考试，这是他第2次尝试学院外部考试，他清楚知道外部考试只有2次机会，因此从一开始他就竭尽全力备考。他在外语学习上花的精力获得了双倍回报：他不仅在笔试和口试中获得好分数，他还在“交际”科目的自我介绍中，充分表现了他具备国际经历，考官们对此给予了极大肯定。这方面能力和经历在“旧体制”的考试中恐怕都不会被询问。在专业口试中，米歇尔选择公共财政学内容。考试要求使得他深入钻研了这门学科，但目前他仅限于了解难以消化吸收的技术性知识，还没有真正懂得这门学科。米歇尔还在体育科目中拿到了分数，由于体育分要乘以比较高的系数，所以他的成绩还是挺有竞争力的。他感到庆幸，尽管一直有学习和考试压力，但他仍然坚持体育运动。

米歇尔精疲力尽，但是很高兴，他还不知道未来会有什么在等待他。说实话，米歇尔虽然通过了国家行政学院的著名考试，但他从来没有自问过国家高级公仆所承担任务的意义。米歇尔期待学院赋予自己未来的职责，这个职责存在于米歇尔的内心，但是其内涵尚不明确。

考生的考试成绩在12月中旬的礼拜五公布。考试优胜者将在次礼拜的周一全天参加学院举办的隆重的欢迎仪式，地点就在学院本部。欢迎仪式的那天上午，米歇尔穿上深色西装，昂首挺胸但又有些紧张地走向学校。国家行政学院在巴黎天文台路的校区重新成为校本部，特别适合新生参加按新学制安排的最初5个月的全日制学习。至于斯特拉斯堡校区，除了远离欧洲真正的决策中心布鲁塞尔之外，还远离法国国际影响力中心巴黎。对于有家有室的学生来说，到斯特拉斯堡校区上课是令人头疼的家庭难题。请专家学者或重量级名人来斯特拉斯堡授课也问题多多，这还没算上高额的交通费用，而且，学生旷课也比较多。

欢迎仪式

米歇尔和同学们在大礼堂受到隆重欢迎，气氛令人颇有感触，学生们互相打招呼，惺惺相惜。他们知道学制设计的目的就是向他们提供真正的培训，既有专业技术培训，又有人文和道德培训。他们毕业的时候一定有些改变。

所有人就坐，焦急地等待领导人的到来。米歇尔也在其中，他属于参加新版欢迎仪式的第一届学生。学院领导机构的所有成员已经就坐，位于第一排。大家可以看到实习和人文教育部主任，某工业集团前任人力资源总监以及他的助理，身着军装的陆军上校，教务主任，公共法教授。这时，学院院长进入大礼堂，身后是共和国总统与国民议会主席，所有学生起立欢迎。他们感到自己无比幸运，因为很可能以后的学生只能看到这些领导们的特别代表参加欢迎仪式。学院院长首先致辞，热烈祝贺新生成功通过考试，鼓励他们把握机会，积极参加学院培训。他向学生们介绍学院领导成员，告诉学生们，他们总是在这里陪伴着学生们，以帮助学生们找到自己的位置并承担起自己的职责。继而，国民议会主席走上主席台讲话。他表示非常高兴能够与学生们当面交流，表达了加强国家行政学院与国家联系的心愿。他还希望他的到来有助于拉近法国国民与精英之间的距离。他还提醒大家高级公务员的职责义务，他们的使命是人民亲自赋予的。他开玩笑地承诺大家，国民议会今后会经常提醒他们履行义务。共和国总统最后发言。他祝贺学生们选择了服务于国家、服务于政府的高要求工作。他表示很高兴看到国家行政学院的培训融入了欧盟事务，同时坚持这样的理念：捍卫法国利益与欧洲建设之间不存在冲突，否则法国人会继续对欧盟持不信任态度。总统希望学生们利用学习机会深入领会他们职责的意义，以及法国在欧洲乃至在全世界应该担负起的责任。他还高兴地告诉大家学习期间会增加军事培训的内容。他鼓励学生结合现实，注意倾听法国人的呼声，并在行动中始终为公共利益服务。

与以往不同，国家行政学院的学生工会组织——法国民主工联的介绍环节从过去的开学第一天推迟到开学第二天。学生组织工会，对学生有好处，这很正常，但是未来高级公务员听到的首要信息应该是为法国人与公共集体服务的意义。

接下来的几天主要是解决切实的生活学习问题，分配实习地点，这时应对学生的爱好倾向给予最大的关注，让他们尽可能地满意。

然后，组织一次特别会议，专门向新生介绍国家行政学院的新地位——学校与政府之间应该保持最大距离，以保证学院无须跟随政府改革而是走向独立发展。国家行政学院的上级管理部门不再是公职部和总理办公室，而是直接由共和国总统领导，他尤其关心学校能否在政府压力之下保持独立性。从属于爱丽舍宫也是为了保护学院不受政府行为动摇的影响，象征性显示了高级公务员与国家之间的永久联系。最后，应该说有必要赋予高级公职人员一种特殊的管理模式，如果高级公职人员的管理建立在公职部管理所有公共职能这一基础上，那么改革是不可能实施的。这种管理模式借鉴了 1998 年英国改革模式，能够切实落实对公务员身份、薪资的管理，并且能够连续跟踪适合高级公职人员承担的岗位。对学生来说，实行这种管理模式立竿见影的效果在于学生将有更多的自由展示自己的个性，减少循规蹈矩的约束，特别是在实习期间。而且这种管理模式下的学制更接近精英学校的独立精神。

学生有 2 个实习期，一个实习期是在省政府，另一个实习期是在国外，欧洲机构内部优先。在省政府的实习是必须的；同时取消在协会或企业的实习，因为实习成效非常不确定。确实，所有学生无一例外地表示，从事省政府工作能够让自己对地方政府的职责了然于心，另外有助于自己和其他校友之间的团结，而且还能够确切给予每一名学生共同、规范的知识，这是教学应有的特性。这就是为什么要取消过去一些学生在地方行政区实习的可能。因为在地方行政区实习适合让国家领土研究学院的学生为将来从事地方领土管理职业做准备，而不适合国家行政学院的学生。不进行这方面实习，也没有妨碍国家行政学院的一些校友后来从事地方行政区的工作。让年轻学生与地方行政官员进行过多具有政治色彩的接触，也不符合国家行政学院传播国家公正公平的使命。如果国家行政学院回归巴黎，那么原先在斯特拉斯堡校区以及国家领土研究学院开设的公共课自然就消失了。

国外实习确保了其欧盟使命：大部分学生被派到欧洲机构工作（欧盟委员会、欧洲理事会、欧洲议会、欧洲法院、法国常驻欧盟代表机构等）。另外一部分学生去法国驻外使馆实习，不过建议尽量不考虑这种实习。

实习期

米歇尔对自己被分配的任务很满意，他将前往布鲁塞尔，随同一名欧盟委员工作6个月，然后去埃罗省政府实习。

米歇尔参加了一个礼拜有关欧洲事务的高强度培训，然后于1月15日到达布鲁塞尔，实习紧张而有趣。高强度培训让他对欧洲运作的政治现实以及影响力之争的复杂内幕有了一定了解。为了符合实习报告新格式的要求，米歇尔的实习报告主题是关于欧盟委员如何让某行政法令被通过，而他正好跟随该委员实习。从法令的最初游说直到委员会最终通过法案，他会详细了解各行为体如何直接或间接介入法案的草拟过程，法案通过的组织架构以及时间节点。没有人会怀疑，这项工作能让米歇尔此后懂得利用所有资源去解决欧盟问题，有力捍卫法国的欧洲政策。

另外，可怕的“实习访问”终被取消：实习主任与他的助手不再进行有关实习生实习情况的调查工作，因此不再需要环游世界去拜访大使与省长们。这项工作无用且专断，而且特别过时。实习分数以后靠两方面评定：一是实习指导老师的评估，占分数的一半；二是实习报告的口头答辩，占分数另一半。口头答辩的分数需要评委会陈述给分的详细理由，分数是基于一份符合欧盟现行标准的评估问卷，这是为了避免过去盛行的专断（有时候很粗暴的）作风，这种风气使得国家行政学院成为精英学校中评分体系最为不透明的学校之一。

6个月的实习于7月15日结束。从7月15日至8月15日，国家行政学院必须放1个月的暑假，方便学生搬家，尤其是避免许多实习生不去度假的坏习惯。不去度假是因为他们认为这样一来，学院和实习指导老师会对他们有好印象，或者是为了避免那种表面工作狂其实毫无效率的同事们对他们的责备，这种人充斥在法国政府内部。

不论如何，米歇尔趁着假期好好休息了一番，恢复精力，为前往省政府实习做好充分准备。第二阶段实习于 8 月 16 日开始，与第一阶段实习一样内容丰富、节奏紧张。他被省长办公室分配去处理所有日常事务，例如抗议示威、郊区暴力、车祸、森林火灾、部长来访、省长致辞与出行、安全演练、公共庆典等。他被任命为办公室名誉副主任，当办公室主任不在岗的时候，他就承担起各项事务的领导工作。他几乎每天与警察、宪兵队以及消防队保持联系，了解他们的工作，心系群众的生命与国家的责任。米歇尔参加了一次令人难忘而且引人入胜的实习，躲开了枯燥的撰写每个省的国家战略行动计划（PASED）的任务。对实习生来说，文字工作的意义很有限，而且就培训而言，其作用为零，因此学院不再要求向实习生分配此类任务。米歇尔还在一家地方企业进行了 3 周的实习。这是一家工业造纸厂，米歇尔可以熟悉从工厂到管理的一整套生产环节。与在某个跨国集团巴黎总部的 3 周实习相比，这样的经验积累更加丰富。

实习于 12 月 20 日结束，米歇尔回家与家人团聚，过圣诞节。

一年制学习

准确地说，一年制学期从 1 月初开始， 12 月底结束。学生们在最后排名后选择不同的岗位，继而参加职业特别培训，该培训的时间是算在这一年之内的。

授课阶段从 1 月持续到 5 月，整整 5 个月。这一阶段学习时间的缩短对两方面比较有利。一方面，由于旧学制下授课时间过长，学生一直表示容易精神倦怠，为避免这种情况，就需要缩短学制。过去，学习时间完全是人为制定：很多时候一周时间只有区区几节课，只够向学生介绍一下主要教学内容，不仅肤浅、笼统，而且不具备专业性，仅仅符合过时的教学愿景而已。新学制时间紧凑、课程密集，因此能够建立教学的适宜气氛。所有课程，学生必须到场，并通过点名册考核出勤。

学年一开始，新生在短暂的团队旅行之后，会为自己这一届选择一个名字。米歇尔建议这一届叫“奥斯特利茨”①，为了纪念国家行政学院军事培训的回归。最终大家经过一场激烈的争论，在“威利·勃兰特”② 和“波拿巴”之间选择了波拿巴这个名字。往届学长们毕业后总是选择去拿破仑创立的大型机构工作，却从没有一届选择拿破仑的名字来向他致敬，那么现在学生们希望修复这样一种不公平。

5 个月新形式的授课包括 4 方面主要教学内容：法律文本撰写、公共财政、应用经济、行政史。成绩评分方面，前 3 个通过公文综述评定，最后 1 个通过撰写政治家的论文评定。公文综述因此仅限于 3 门课，就像我们在道德教育的反思中所倡导的那样。每周，由媒体专业人士承担的媒体培训也被免去，改成沟通培训。学生还要参加双语教学课，该课如今占有较高的分值比重。应用经济课要符合我们之前描述的形式，课程的目的是向学生介绍法国经济组织与企业生活。

相应地，与旧学制相比，某些科目被放弃了，例如：“公共管理”课，内容非常不清晰，课程名称像念咒一样故作庄重；宏观经济学大课；私人财务（这门课甚至都没有考试评分，完全不

---

① 奥斯特利茨，地名。 1805 年在此地发生了奥斯特利茨战役，是第 3 次反法联盟的首次交锋，拿破仑以 6.8 万之师击败库图佐夫统率的 9 万俄奥联军，取得辉煌胜利。——译者

② 威利·勃兰特，德意志联邦共和国总理，社会民主党领袖，政治家。 1979 年起主持的国际发展问题的独立委员会是一个有威望的专门研究世界经济政策的组织，由于致力于东西方和解而获得 1971 年诺贝尔和平奖。——译者

是真正的培训）；可笑的角色扮演，也就是让学生根据一份虚构材料的内容上台表演，每个人扮演一个角色（省长、部门处室的处长等）。

除了主要教学内容，学校要求学生根据自己期望形成的素养，在以下清单中选择两项，以达到术业有专攻：公共财政或经济学、公共法、欧洲问题、国际问题、社会学问题。

毕业排名

关于这方面，为了继续我们毕业排名的话题，我们先把学生们的求学经历放一放。很久以来，人们总是这样或那样地责备国家行政学院的毕业排名：说它是学校唯一大计；是一场只对大型机构有利的“选美比赛”，总是从名列前茅者当中选择；是不透明甚至专断的活动。人们还说毕业排名使得培训笼统化，不让学生钻研到某个领域，还不让大家轻视最后的排名结果，同时也没打破岗位具有部际特点的神话。

在职业化的逻辑下，我们倡导的专业化要紧扣未来岗位的必备需求，这在我们看来的确是合理的。一名在国际事务方面有专长的学生将首先面对外交工作，一名在公共财政方面有专长的学生将从事“金融”类工作（例如审计法院、金融监察部、财政部、大区财政局，部委的财务总管等）。在2006年改革以来的体制下，我们可以预见学生在学制结束时将会拥有专业特长（也许就那么一些）；学生选择的不是职位，而是机构，例如去做外交官、行政部门主管等。每个机构或者部委在有限的毕业生中自由招聘愿意从事该行业工作的学生。例如，一名学生可能想选择外交工作，但是外交部有权自主决定，这名学生将从事欧洲事务还是非洲事务的工作，抑或是外交部其他部门的工作。然而，这一体制仍有争议，而且会引起学生的不满，因为这样操作，有可能对那些在每个机构招聘中名列前茅的学生不公平，他可能觉得排名不如他的同学反而会得到大家垂涎的职位。不管如何，这种变化大体上维持了毕业排名的原则。

另一个可能应该是对某些岗位的准入提出要求，特别是大型机构和监管部门的岗位。为了强制达到一定程度的专业性，可以要求与岗位相关的课程得分必须高于平均分，与岗位相关课程的清单可以根据岗位要求制定，举例如下：最高行政法院需要公共法；金融监察部需要公共财政学；外交部需要国际问题与欧洲问题；社会事务监察部需要社会学问题；行政总监察部需要公共法。换句话说，在毕业总排名中的前十名未必能够进入最高行政法院与金融监察部，还需要在公共法或者公共财政学领域取得优秀成绩。更激进些，我们可以设想重新创建一个专业体系，其实学院创建初始这个体系是存在的，但是在 1958 年被取消了。另外， 1969 年的布洛克-莱内委员会曾要求重新启动专业化。然而，重新设立这样的体系在实践上显得不可行：如果一名具备公共财政学专业特长的毕业生没有获得令人满意的总成绩，那么如何向他解释他必须放弃金融监察部、审计法院，甚至可能财政部的某个岗位呢?

最后，绝对禁止任何企图彻底取消毕业排名的想法。国家行政学院只是制定了一个能力清单，像国家领土研究学院一样。然后，各部委启动毕业生招聘。根据招聘程序规范，首先根据匿名材料进行筛选，再举行和私营企业招聘一样的面试。理论上说，这样的体制不会导致裙带风、走后门或者任人唯亲，但是我们的国家仍然深受等级制的影响。尽管实行了规范透明的招聘程序，但多少可以肯定的是，部委或机构在选人方面会受到某些压力，更别提招聘的时候实行的各种人为制定的标准以及要考虑的各种强烈政治化的因素。另外，如何调节学生的选择与比较有限的岗位种类之间的关系呢？如何解决那些没有人愿意应聘的岗位（估计还是有一定数量的）呢？如果学生的分数仅作就业参考，那么如何激励学生在学习期间的学习呢？

这就是为什么我们总结出，尽管毕业排名目前存在着许多缺点，却代表着体制中最好的方面。我们所有的想法取决于，让国家行政学院的管理部门以及学生培训从其他高级行政机构中脱离出来。否则，等到国家改革的到来再去改革国家行政学院，相当于等到世界末日再去改革国家行政学院。我们应该再唠叨一遍，以下这些情况都是不正常的：高级行政机构岗位闭塞，大型机构像是被旧制度的掌权者管理，高级公务员的真实能力和经历在职业生涯中几乎不被考虑，职业生涯中只剩下了最令人消沉的平均主义和论资排辈。等着这些现象自己改变是不可能的，因为法国历史摆明了——很不幸——这些是常态、是顽症。我们相信，不取消毕业排名、不必等待高级公职部门的旧貌换新颜，还是有可能改革国家行政学院的。

我们知道，写到这里会有人指着我们鼻子批评道："如果你们不取消或者不改革毕业排名，国家行政学院仍然是一个重视排名的学校，所以不可避免地会走上老路。"我们选择从不同的角度解决这个问题：既然学生只为了排名努力学习，那我们就照这个套路，努力让评分围绕真正的培训内容、真正有建树的考试。国家行政学院已经有意围绕毕业排名设立安排整个学制，并把主要教学内容视为排名的一种手段。而且，所有的精英学校的毕业分配都依赖排名（例如巴黎综合理工学院、圣西尔军校）：毕业排名不利于学院开展名副其实的专业技术和人文培训的这种论断，为什么只在国家行政学院出现，而其他学校没有呢？相反，我们已经在前面的章节中表示，让国家行政学院成为一所精英学校，一所培训学校，一个有所作为、有所担当的地方，一个成熟睿思的地方是完全可能的。迄今为止，有关国家行政学院的报告都忽略了培训的问题，报告里甚至花上几页纸对国家行政学院培训课程进行了抹黑。然而，它是政府、法国面临的关键问题，对所有热心于学生的教育和培训的人们来说，重视培训是令人振奋的。

另外，我们相信，强制学生专业化会让他们更早地面对他们的使命，至少会比现在更早地思考自己的憧憬和愿望。他们现在认为毕业排名是荣誉的等级化，但以后会以不同的方式重新看待它：因为我们还希望我们所倡议的道德与人文培训能够促进个体的道德修养。这样，也许有一天，人们终会鄙视那些除了荣耀什么都不要的人。

让我们回到学制的问题上来。

每周必备 2 节 2 个小时的体育课：一节为学生自选；另一节是集体活动，大家最喜欢踢足球。

每周还要组织 2 次研讨：一次由国防高等研究院组织，着重经济情报；另一次是谈判方式的培训研讨。

米歇尔对国防高等研究院关于防务问题的研讨印象深刻，他切实了解了反恐斗争及相关利益方的所有问题。研讨会随着参观对外安全总局达到高潮，这使得米歇尔对情报部门运作的真实情况有了概览。

一场游学也会被组织：日内瓦（国际组织研究）和华盛顿（美国制度研究）都是大家很想拜访的目的地。旅行也会加强同届学生之间的团结。

考试

毕业考试在5月底举行，大约2周。米歇尔对其中两类考试——两场交际考试与有关政治家论文的口头答辩特别有印象。两场交际考试在大礼堂进行，同一届所有学生到场。第一场考试是记者访谈模拟，考生当场根据一份简短材料进行准备，准备时间1个小时；第二场考试是随机抽一个主题进行10分钟的陈述，考生必须试图让听众接受他的观点。对于第一场考试，米歇尔必须回答两名考官的问题，两名考官都是媒体界的专业人士，访谈主题是禽流感。对于第二场考试，米歇尔抽到的主题是“同意还是反对学校男女混合上课？”。很明显，面对自己在国家行政学院的同届同学，要做出公开陈述还是挺吓人的，但这对未来的演讲是很好的演练。同时也让同届同学有了共同记忆。

米歇尔选择关于法国沃邦元帅的论文并进行了口头答辩。这当然不算很有创意，不过对他来说，是一个让自己发现历史人物生平和才智的机会，之前他只知道沃邦是一个要塞的灵巧建筑师。他还很高兴倾听了其他同学关于不同历史人物的发言，例如梯也尔、腓力四世、巴枯宁等。有关行政史的课程让他加深了对人文通识的了解，之前他没有时间精力学习这些课，之前在巴黎政治学院的学习也只是蜻蜓点水。

米歇尔会在9月初知道自己的分数，毕业排名也将同时揭晓[1]。

① 国家行政学院毕业生都说“揭秘”。

军事培训

6月如约而至，学生军事培训安排在6月。学生还不知道排名，因此精神放松，很适合经历集体生活中的对为人处世能力的考验。

学生被带到圣西尔军校科特基丹基地，被编入第四营，该营专门培训预备役军人。米歇尔与他的同学参加了为期1个月的预备役军官军事培训。这一届学生被分为3个排，每个排30人。他们将在1个月内了解军事生活的基本原则：严格的命令、操练、射击、军备知识（军队装备、军事通讯，坑道、爆破）、定向越野、障碍训练、冲突法理论课、法国防务、预备役等。这也是了解一些军事传统、仪式的组织与意义的好机会，还能熟悉法国军队的不同组成部分。军事培训结束后会遵照圣西尔军校的传统组织拉练，拉练后会向学生颁发勋章。米歇尔会保存着这份难以忘怀的纪念，将艰难军事培训、庆祝晚会的宝贵时刻以及刚刚踏入为国家服务大门的感觉铭记在心。不论如何，他将通过了解自己、了解同学的过程学到更多东西。

军事培训一结束，学生们就会被要求选择7月份的军事实习的岗位。选择范围是陆军团（包括战场）、宪兵队或消防队。还有一些民事“地面”机构的岗位也在选择范围内，例如红十字会、军人转业安置中心、医院等。

米歇尔最终选择在巴黎大区“保卫第二次机会”中心进行实习，这是一个非常人道主义的培训机会，可以直接与学业失败且缺乏社会关怀的问题青年们接触。他亲自参加指导和教学工作，这种联系的建立受到中心与学生们的一致赞赏。这也是一个塑造国家行政学院学生另一种形象的机会，因为传统认为技术官僚是高高在上的。一篇媒体文章以及法国电视三台的新闻都对米歇尔的事迹进行了报道。

这 2 个月对米歇尔来说特别有益。他感到自己因为这些经历更成熟了，而且为从事高级公职岗位做了更好的准备。由于经常接触军事世界，他为国服务的使命感也得到了巩固加强。尽管他仍然感到离军事世界比较远，但是他接触了军队情况、国防的具体职责。他在“保卫第二次机会”中心的经历让他直面社会融合问题，他希望在未来保持忧国忧民的心态，知道还有法国人身处在这样的现实之中。他还感到，每个人通过这 2 个月的新经历，过去在同届同学中盛行的犬儒主义的风气已经大为减少，他们不再是书生意气的“考试动物”。

米歇尔略感疲惫，但是这属于健康的疲劳，他终于能休息一个假期了。

9 月初开学，学生看到了成绩，毕业排名也排好了。在这一个月期间，学生与未来的雇主见面，明晰自己的选择，学校组织各种招聘宣讲会，直到所有学生在最终签约之前确定自己的选择。这种流程是学校的传统，也是学校神话的一部分。通过这个流程，学生表达自己的毕业意向，签订为国服务的 10 年工作合同。米歇尔选择了从事外交工作。

职业培训

此时，学生们开始了为期 3 个月、面向各自职业的培训。经过协调各方的艰苦努力，不同的部委把各自已有的培训形式统一起来。学生在国家行政学院的各校区倾听培训者的授课，也去工作岗位的地方接受实际培训：行政法庭的顾问前往最高行政法院，金融监管员去财政部，大区审计署参事前往最高审计法院，行政官员去各自的部委等。大部分的培训根据每个部委的自身特点组织，但是所有培训都必须保证3个月的时长。根据学生所选岗位组织的专业课由国家行政学院直接教授。米歇尔在天文台路校区和外交部所在的奥赛码头之间奔波，度过了3个月。他学习了有关外交工作的技术知识，特别是欧盟机构政治生活中的奥秘，例如：游说的概貌与技巧、影响力的操控手段与战略、案例分析、回顾机构运作模式，与欧委会的欧洲其他国家公务员建立联系。

培训于12月份结束，所有学生得到各自岗位的正式任职令，在1月初，他们各自就位，准备好承担新职责。过去，学制总计2年零3个月，还不算最后3个月的职业培训（如果算入的话，总共至少2年半）；以后应该变成学制2年，含职业培训。学制缩短，学生还不用吃苦。

传统的玩笑话说“我们在国家行政学院啥也学不到”，很不幸，确实如此，但是这句话在未来将成为历史。过去，学生什么也学不到，是因为我们教授了太多的内容，因为我们没有培训者的精神，因为我们只关心毕业排名。米歇尔那一届的新学制试图组织真正的培训，不仅有专业技术培训还有人文培训，有通识教育也有足够的专业性教育，时间紧凑但是教学节奏能保证学生健康活泼的状态。

总结

庸才治国，国之大患。庸才不仅阻碍国家一展宏图伟业，更糟糕的是，庸才以脱离人民来弥补自身的价值缺失，担心采纳人民的意见就是自降身份。

真正的卓越无须证明自己的优越性，无须保护自己的合法性，无须严防死守。真正的卓越，不惧怕竞争以及由此带来的挑战，不畏批评，因为批评促使反省，批评促使自我超越。

卓越大概是调和人民和精英的最可靠的矢量。卓越的精英不担心顶撞民众，更重要的是，不怕接受民众的思想。

各行各业都需要选拔人才、培养精英，只要选拔标准以成绩为导向，那么选拔将始终是一个无可替代的坎儿。这种选拔可能并不总是公正的，但原则上，无论涉及的是哪个专业领域，选拔代表着一个需要跨越的标尺、一种促进提升的动力。但愿法国的教育制度，从初等教育到高等教育，能够学会去看重学生的志向，而不是层层淘汰。

选拔从来都只是阶段性的，它既不是神谕，也不是人生价值的衡量标准。选拔仅赋予被选者某种权利，在现实当中，这种权利同时也是一种义务。选拔首先是一种荣誉，这种荣誉体现了国家对精英及他们的才能所寄予的期待和希望，期望他们能够带领人民走向繁荣伟大。

让精英们为达到某些高度而自豪吧！（可能高处不胜寒啊！可能一山还有一山高啊！）追求卓越不仅合法，而且正当。当然，不要忘记，我们从来只能在自己的领域成为最好。对法国国家行政学院来说，“最好”意味着最好的高级公务员。国家行政学院应当具备的雄心是培养最优秀的国家高级公仆，让他们能够在岗位上兢兢业业。其他精英培养机构也都应该以培养合格的行业精英为己任。

我们这里要指出的是，法国国家行政学院的培养任务失败了（算不上完全失败，但一定程度上是失败的），原因是，法国国家行政学院把招生选拔和毕业选拔视为学生培养计划的全部。这种选拔凌驾于培训之上的现象并非法国国家行政学院独有，不幸的是，它在法国精英培养体系和教育体制内普遍存在。

我们思考伊始，就提出这样的问题：法国需要怎样的精英?

法国国家行政学院的精英培养模式不能代表所有其他行业的，但体现了部分情况。通过法国国家行政学院这一案例，针对未来精英的培养，我们要形成更明确的想法。首先，我们需要受过训练的精英，这些精英接受尽可能最优质的培训，从而有资格主导法国的命运。选拔卓越的精英，是世界上任何一个国家面临的问题。如果我们有一项任务，要交给 10 个人中的一个去完成，我们不需要绞尽脑汁、想方设法选一个出来。我们要做的，是切实地培养一个出来。我们要能自始至终地展开逻辑紧密的教育，这种教育意味着在身体与心灵之间、在想象力与执行力之间、在道德与技术之间、在思想与行动之间取得平衡。这就是我们国家行政学院当前的管理者们应该主张的另类投资。

我们还想要这样一种精英，他们不再去考虑跻身世界精英，而是简简单单做法国自己的精英。也就是说，这种精英实实在在研究国家面对的各种具体问题，而不仅仅是为世界发展与和平寻求放之四海而皆准的解决方案；这种精英忧国忧民，而不是天马行空；这种精英敢于直面最残忍的现实，而不是去谄媚甜蜜的乌托邦。

我们以欧洲为例。当然，高级公务员必须在欧洲成长、受训。我们的精英不要津津乐道于谈论欧洲意识形态、欧洲原则和欧洲思想文化建设，直至走进死胡同。他们真正要关心的是建设一个人民的欧洲、欧洲人的欧洲、保卫法国利益以及捍卫欧洲利益的欧洲。做不到这些，长此以往，欧洲将不复存在。

保证未来的高级公务员获得货真价实的卓越培养并非一个简单的国家选择，而是法国政府面对法国国民应尽的义务。这不是政府可以随心所欲处理的内部问题。如果国家不能保证未来的干部们做好各项准备，那么国家就是没有尽到义务，因为这些干部将没有能力在欧洲有效传播法国影响力，没有能力捍卫法国的经济利益，没有能力忧虑事关国家存亡的国防大计。如果不进行公民培养、人文教育、道德教育，如何向未来的国家公仆灌输他们使命的意义和范围？不管当下体制的拥护者怎么回答，如今法国国家行政学院提供培训的水准根本不够解决国家日常面临的各种问题。

当然，我们不是要培养行政学院毕业生的新势力。相反，我们可以打赌，卓越的培训能够保证毕业生们具备必要的水平，行使权威职能游刃有余，毕业生们处处以担任政府、法国乃至人民的公仆为荣，不矜不伐。我们所提倡的教育还应该更加重视军队与政府的联系、重视法国未来面临的重大挑战。

我们已经指出了人民委托的重要性，因为人民委托间接支配了高级公务员的行动，而不论在何种情况下，我们都不希望用高级公务员去替代政治家。只有政治家直接对人民负责，因为政治家拥有支配政府公仆行动的权力。任何情况下，政治家都不能以政府的不作为、顽固不化或者漫不经心为借口来摆脱首要责任；当政府运转糟糕的时候，正好是给政治家闯关的机会去对政府进行改革。相反，我们坚持提醒高级公务员注意，他们是在政治家的领导下工作，而不是政府或是自己的上级，这是高级公务员的身份地位决定的。这就是说，高级公务员要在最大程度上为人民服务。“……我愿意看到的是，这所学校引导个性和人格的发展，与俯首听命的传统一刀两断。对这个传统，我们政府恐怕已经不胜其苦。”这段话摘自米歇尔·德布雷于 1945 年 6 月 14 日在最高行政法院大会上的发言。这段话提醒我们，高级公务员在行使职能的时候应该首先考虑法国，而不是政府。

最后，如果我们希望高级公务员代表一个强势政府，那我们就不能支持建立一个国家干涉主义的学校，不管怎么说，法国国家行政学院至今仍是一所国家干涉主义学校。强势政府并不是全知、全能、无处不在的政府。革新之后的法国国家行政学院应该培育高级公务员们自主行动的精神。法国有两个国产之恶——政府全能化的欲望以及法国人把政府当成圣母和保姆的欲念，为此法国已经深受其苦。

应该承认，虽然我们期待一种理想化的培养，但是我们也很现实，为了达成法国国家行政学院的改革方案，很多想法只能是做梦。我们希望法国国家行政学院能够找到领导改革的人物，为法兰西的卓越考虑，这便是我们的良苦用心。

译后记

皮埃尔-亨利·达冉松的文笔如手术刀般锋利，剖析了法国国家行政学院精英教育模式所存在的诸多问题。作为有一定代表性的法国精英，达冉松拥有显赫的贵族姓氏，毕业于法国国家行政学院，就职于高级行政机构。然而在他书中，对享誉世界的母校几无溢美之词。有趣的是，这样一本书，在出版十年后，由法国国家行政学院真诚推荐给中国读者。可见，学院认可达冉松一针见血的批评与辛辣的嘲讽，因为其中包含着对高级行政精英教育的理性思考。在全球民粹主义浪潮涌动的背景下，结合当下的法国社会经济状况，他的思辨切中时弊。

“精英”一词源自拉丁文，意味着被挑选出的少数人。法国国家治理的一个显著特征是精英统治，这是自大革命乃至更早些时期以来的社会传统。当代法国构建了以综合性大学、大学校、高等职业与技术学院以及预备学校的高等教育体系。其中，以法国国家行政学院、巴黎综合理工学院等为代表的“大学校”旨在培养精英，引领国家发展，促进社会进步。每年大约只有5%的学生能够进入各类“大学校”就读，这是年轻人跻身精英阶层的第一步。

法国国家行政学院仅提供研究生阶段培训，其毕业生垄断高级行政、政治与经济岗位，形成占据极大资源的高度内聚群体。本书提到布尔迪厄的观点，他认为精英教育隐藏着资产阶级建构的教育观与社会的等级性，但作者达冉松不认同。距离二战结束越久，法国社会结构愈加稳定和庞杂，精英群体的权力如树根般延伸，植于社会组织机构中，对社会发展的作用无处不在，且十分有效。达冉松认为，保证精英群体的质量对法国的未来至关重要。这意味着，法国国家行政学院的精英教育必须既能够适应分权化的国家内部转型，又能够响应全球化、欧盟一体化的外部变革。学院针对其培训模式、招生流程、课程内容等不断做出相应调整，其中最引人注目的是 2006 年的重大改革。而这次改革并没有令达冉松感到满意。为此，他从维护精英教育的立场出发，结合切身经历，撰拟了理想中的精英培养范式，可以被视为实证主义视角下的精英主义理论实例。

专门从事中高级公务员及领导干部培训工作的读者恐怕对书中不少内容并不陌生，但作者的立场看法仍颇具新意。若仔细研读，定能发现作者对培养“合格的精英”的良苦用心。其关于高级行政官员培养的思考与建议可为我国关心干部教育工作的各界人士提供启发与借鉴。

书中涉及法国国家行政学院的录取、培训、毕业等流程细节、法国文化等内容，译者在自认为必要之处加了注释，恐仍有令读者困惑之处，敬请原谅。本书引言、第一章、第二章及第四章由朱志平翻译，第三章由张欣玮翻译，第五章、第六章、第七章、第八章以及总结部分由张亦珂翻译。全书译稿由张亦珂校对。译者均利用工作之余完成此书，难免疏漏之处，恳请读者不吝赐教。

译者团队

图书在版编目(CIP)数据

合格的精英:改革法国国家行政学院/(法)皮埃尔-亨利·达冉松著;张亦珂等译. —上海: 上海译文出版社,2019. 12
(国家治理能力现代化探索丛书)
ISBN 978 - 7 - 5327 - 8289 - 5

Ⅰ.①合… Ⅱ.①皮…②张… Ⅲ.①行政管理—研究—法国 Ⅳ.①D756.531

中国版本图书馆 CIP 数据核字(2019)第 224026 号

图字: 09 - 2015 - 465 号

合格的精英:改革法国国家行政学院
[法]皮埃尔-亨利·达冉松　著　张亦珂　朱志平　张欣玮　译
责任编辑/衷雅琴　封面设计/徐小英

上海译文出版社有限公司出版、发行
网址: www.yiwen.com.cn
200001　上海福建中路 193 号
上海信老印刷厂印刷

开本 890×1240　1/32　印张 5.5　插页 2　字数 106,000
2019 年 12 月第 1 版　2019 年 12 月第 1 次印刷
印数 0,001—2,000 册

ISBN 978 - 7 - 5327 - 8289 - 5/D · 129
定价: 58.00 元

国家治理能力现代化探索丛书

《法国行政伦理理论与实践》

[法] 克里斯蒂安 · 维谷鲁/著

《合格的精英：改革法国国家行政学院》

[法] 皮埃尔-亨利 · 达冉松/著

《国家与行政管理》

[法] 帕特里克 · 热拉尔/著

《国家再造》

[法] 菲利普 · 贝兹/著